Título: Libro tejeRedes - Trabajo en Red y Sistemas de Articulación Colaborativos

Autor de contenidos: Cristian Figueroa.
Edición general y estilo: Mauricio Rojas.
Gráfica libro: Isaac Gimeno y Alejandra Robledo.
Edición de diseño: Loreto Varela e Isaac Gimeno.
Coordinación general: Alberto Infante.
Primera edición digital e impresa: Septiembre 2016. Madrid I Santiago de Chile.

Agradecemos a quienes han colaborado directa e indirectamente en el desarrollo de este libro.
Agradecemos el apoyo de "Corfo - Gobierno de Chile".

ISBN: 978-956-368-350-9

Para mayor información escríbenos y visítanos en:
info@tejeredes.net / www.tejeredes.net

LIBRO

tejeRedes

TRABAJO EN RED Y SISTEMAS DE ARTICULACIÓN COLABORATIVOS

ÍNDICE, CONTENIDOS Y ESTRUCTURA DEL LIBRO

Este libro está escrito en torno al rol del Articulador[1] o tejedor de redes y los sistemas colaborativos. El libro[2] lo hemos dividido en dos partes:

PRIMERA PARTE
Trabajo en Red Colaborativo

Esta parte explorará a fondo el trabajo en red colaborativo, ya que nos permite generar redes de personas o comunidades menos formales (no se necesitan estructuras legales o grados de formalización mínimos).

Este apartado está recomendado para aquellas personas u organizaciones que quieran levantar redes de trabajo al interior de una organización o en el exterior (con otras personas y organizaciones).

SEGUNDA PARTE
Sistemas de Articulación Colaborativos

La segunda parte explora el desarrollo de sistemas de articulación colaborativos que, si bien se basan en el trabajo en red, están enfocados para ser implementados en la gestión colaborativa de una comunidad con mayores grados de formalización (definición de estructuras legales o grados de formalización mayores).

Se recomienda esta parte para aquellas personas u organizaciones que quieren desarrollar un sistema de gestión o articulación basado en la colaboración o para horizontalizar su estructura organizacional.

---

1. Al final de cada sección encontraremos capítulos que se explayan sobre la gestión y trabajo por parte del articulador.
2. El resto del libro está dividido en secciones y capítulos.

ÍNDICE

SEGUNDA PARTE – SISTEMAS DE ARTICULACIÓN COLABORATIVOS

NOTAS DEL AUTOR

Comunidades: emprendedores, equipos y organizaciones

En el presente libro, el concepto comunidades -como nombre genérico- lo utilizaremos, en muchos casos, para referirnos a emprendedores o agentes de cambio, equipos de trabajo y organizaciones con y sin fines de lucro.

Podríamos pensar que tienen diferentes niveles, pero para efectos de tejeRedes, la metodología se puede aplicar en el contexto de emprendedores o agentes de cambio (emprendedores sociales), equipos de trabajo y en la propia organización.

El Articulador mezcla de artista y arquitecto de la colaboración

El Articulador o Tejedor de redes debe tener, para promover la colaboración, dos características definidas:

– "Artística", con objeto de poner al servicio del bien común sus propias capacidades y así incentivar el tejido social (relacionando y conectando personas para fomentar una cultura colaborativa).

– "Arquitectónica", para diseñar el devenir de las comunidades con relación a los conceptos y las metodologías en la red.

El género en la redacción del libro

En el primer libro de tejeRedes se utilizó una redacción inclusiva para hablar de forma homogénea en femenino y masculino. Por ejemplo, "el/la Articulador/a", "las/los Participantes", etc. Muchas personas nos agradecieron dicho lenguaje, sin embargo, repararon en la dificultad a la hora de la lectura. Por ello, hemos decidido, manteniendo el mismo espíritu de inclusión que nos caracteriza, redactar en género masculino para justamente facilitar la lectura.

TEJEREDES: INTRODUCCIÓN, RECOMENDACIONES Y BENEFICIOS

tejeRedes

"tejeRedes se refiere al Articulador del tejido o coreógrafo de las redes o simplemente al activador de una cultura colaborativa y del trabajo en red en las comunidades"

Tejer Redes es un equilibrio que se logra entre la capacidad "artística", es decir, las características sociales que todo ser humano tiene para conectar y generar confianza, y la capacidad "arquitectónica" que se enfoca en conceptos y metodologías, lo cual permite diseñar comunidades y procesos en red.

Muchas personas y organizaciones hacen referencia al trabajo en red y ciertamente trabajan en red, ya que al definir un organigrama y una red de clientela (tanto interna como externa) están generando networking. Pero en la práctica descubriremos que trabajar en red no es un suceso tan obvio y, menos aún, cuando le agregamos, por una parte, el apellido "colaborativo" y, por otra, apelamos al desarrollo de sistemas de gestión o articulación.

Trabajar en red colaborativamente es complejo, puesto que las redes nacen desde la propia naturaleza del ser humano que ya de por sí es biológica y químicamente compleja. También somos seres capaces de amar y crear. Las redes son precisamente eso, espacios de amor humano y conexión de nuevos mundos.

Introducción

Hoy se reconoce que los sistemas tradicionales de emprendimiento y gestión son, en parte, responsables de la crisis social, económica, ambiental y organizacional. Estos sistemas que, han sido heredados a lo largo de la historia, derivaron especialmente de la primera revolución industrial, de la consecuente masificación de la producción y de las formas de comunicación del siglo XX. En todas ellas, las personas de una organización eran sólo una parte de un sistema jerárquico de decisiones unilaterales.

A partir de la necesidad de buscar soluciones, y gracias a los diferentes avances de las tecnologías sociales (para conectar personas y multiplicar iniciativas y conocimientos), muchos emprendedores, equipos y organizaciones comenzaron a modificar sus esquemas tradicionales de gestión y administración por otros más ajustados a las necesidades globales del presente y que, por otra parte, pusieran como eje al ser humano y su bienestar (calidad de vida).

La buena noticia, es que la dinámica del mercado ha hecho que progresivamente las comunidades piramidales se aplanen. Se empieza a trabajar más en red y en marcos compartidos de colaboración generando un valor, a largo plazo, con el cliente y los trabajadores. Lo anterior, ha ido generando un cambio cultural en las comunidades. Independiente de si el cambio se inicia desde arriba o abajo, será la dirección (y sus líderes) quien promoverá la mantención en el largo plazo[3].

---

3. Consultar glosario y webgrafía: Entrevista Elena Sánchez.

Desde tejeRedes nos sumamos a quienes están promoviendo formas de gestión autoorganizadas, cooperando para que emprendedores, equipos y organizaciones (públicas, privadas, lucrativas y no lucrativas) puedan desarrollar e implementar estructuras distribuidas de gestión focalizada en las personas.

El diseño y gestión de comunidades colaborativas, requiere la implementación de conceptos, metodologías, tecnologías sociales y prácticas basadas en el trabajo en red y sistemas de gestión colaborativos a través del desarrollo de sistemas no lineales.

"El objetivo de la metodología tejeRedes es que las comunidades de emprendedores, equipos y organizaciones aprendan, diseñen, planifiquen e implementen una gestión o trabajo en red, a través de un sistema de articulación colaborativo, y promover el perfil del Articulador, que permita implementar las tecnologías sociales necesarias para que los participantes puedan cultivar un valor social, de conocimiento y de uso o cambio, promoviendo un sistema social y económico diferente al tradicional"

Si alguien se pregunta ¿Para qué queremos hacer aquello?[4] La respuesta es simple y compleja a la vez: si deseamos un mundo diferente, es necesario proyectar nuevas oportunidades para emprendedores y organizaciones. Para esto tenemos que cambiar el modelo de la competencia desleal y pasar a modelos de trabajo en red y articulación colaborativa, que

se basen en la seducción, confianza y creatividad, es decir, que tengan como plataforma una cultura colaborativa.

Esta segunda entrega del "Libro tejeRedes" es una mejora de la primera. Básicamente, se tomó como base los contenidos del libro anterior, pero se incluyeron nuevos saberes identificados en la observación y conversación de experiencias de organizaciones y expertos en el trabajo en red colaborativo y sistemas de gestión o articulación colaborativos. De todas maneras, el primer libro seguirá siendo un complemento a este segundo.

Recomendaciones y beneficios

Se recomienda como base para mantener la colaboración en las comunidades:

– Fraternidad organizacional. La base de la fraternidad es la aceptación (tal cual son) de las personas. La negación actúa en el proceso inverso de integración del colectivo. El fundamento para la cohesión de cualquier equipo de trabajo es asumir altas dosis de conversaciones apreciativas que permitan promover los espacios de fraternidad en la organización.
– Integrar espacios lúdicos de escucha empática. Los espacios que invitan a establecer conversaciones colaborativas son claves para los equipos de trabajo que buscan reuniones participativas y procesos de autoorganización. Estos espacios deben ser seductores e invitar a que las personas utilicen tecnologías blandas para expresar ideas, cocrear,

diagnosticar y diseñar iniciativas. También es clave, para el diseño y su accionar, conectar a las personas desde lo humano.
– Metas para las relaciones humanas. Hoy las organizaciones y equipos de trabajo establecen, generalmente como prioridad y en un alto porcentaje, el cumplimiento de compromisos económicos, comerciales, etc. Y consideran en menor medida o porcentaje, que el establecimiento de compromisos fortalezca las relaciones humanas (por ejemplo, metas en torno a la felicidad).

Los beneficios[5] en relación al trabajo en red y sistemas articulación colaborativos son amplios:

– A través de la articulación de conversaciones y relaciones, se construyen y emergen los liderazgos naturales (desde las bases de la comunidad).
– Se abandonan los esquemas piramidales y unidireccionales para justamente horizontalizar la estructura y distribuir las conversaciones.
– Promueven conversaciones en código abierto, compartido. Características fundamentales de una cultura colaborativa.
– Se gestionan las organizaciones -usando el instinto y conexión de lo humano- para promover procesos caórdicos (gestión entre el caos y orden)

---

4. Consultar glosario y webgrafía: tejeRedes, Introducción e historia.
5. Consultar glosario y webgrafía: este apartado se basa y contiene extractos del artículo "Emprendimiento y Empresas Sociales en Red"

con objeto de equilibrar la creatividad y los procesos de monitoreo y regulación constante.

– Manejan de forma natural los procesos de construcción de redes para generar valor social, de conocimiento y de uso.

– Se cumplen diferentes roles tanto a nivel individual como en la constitución de equipos de trabajo: articuladores, líderes, trabajadores activos, estrategas, polinizadores y astutos.

Es probable que uno de los principales beneficios, identificados desde tejeRedes, resulte ser el surgimiento o fortalecimiento de los emprendedores e intraemprendedores sociales o agentes de cambio en red. Éstos llegaron definitivamente para cambiar el sistema y con ello aportar a un mundo mejor, siempre desde la óptica de la colaboración y validados por la comunidad.

En un estudio de tejeRedes logramos identificar doce características claves que permiten configurar elementos diferenciadores para que las comunidades trabajen en red y tengan sistemas de articulación colaborativos (en organizaciones tradicionales o jerárquicas). Muchas de estas características también pueden ser parte de otras recetas del *management*. Aquí las incluimos como efecto directo de trabajar en red.

Dichas características las hemos agrupado en tres subgrupos para darles un valor focalizado:

Las "4 CO en Red": se refieren a las características que fortalecen en red las operaciones de una comunidad y que se asocian directamente a los conceptos de "CO": Comunicación, Colaboración, Confianza y Co-Acción.

Las "5 I+E en Red": se relacionan con características que potencian en red la innovación y el emprendimiento: Involucramiento, Diversidad, Conocimiento, Calidad y Productividad.

Las "3A en Red": se vinculan a las características que hacen que una comunidad tenga un impacto interno y externo en la organización, potenciando a las comunidades, agentes de cambio y protagonistas en la sociedad (personas y territorios): "Agentes sociales", "Agentes conocimiento" y "Agentes abundancia".

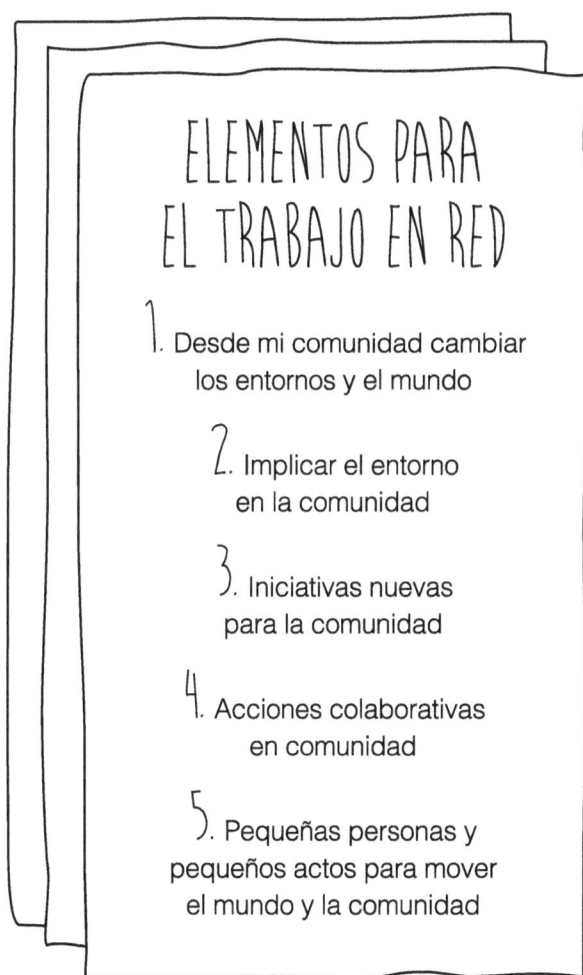

ELEMENTOS PARA EL TRABAJO EN RED

1. Desde mi comunidad cambiar los entornos y el mundo

2. Implicar el entorno en la comunidad

3. Iniciativas nuevas para la comunidad

4. Acciones colaborativas en comunidad

5. Pequeñas personas y pequeños actos para mover el mundo y la comunidad

**Fortalecer 3 tipos de
agentes de cambio**

**Estimular 4
CO en la cultura**

CO-ACCIÓN

COLABORACIÓN

ABUNDANCIA

COMUNICACIÓN

SOCIALES   CONOCIMIENTO

CONFIANZA

**Apropiar 5 elementos
de la innovación abierta**

PRODUCTIVIDAD
CALIDAD
INVOLUCRAMIENTO
DIVERSIDAD
CONOCIMIENTOS

"4 CO en Red"

– (1) La "Comunicación": enriquece las conversaciones en la comunidad, logrando coordinar acciones que antes no se realizaban, promoviendo la autoorganización. Permite, además, ser partícipes de la identidad y la cultura de la organización.

– (2) La "Colaboración": desencadena sinergias motivacionales y de liderazgo que mejoran la productividad y las relaciones en la comunidad.

– (3) La "Confianza": como resultado de las acciones colectivas, incentiva la cooperación y la producción compartida.

– (4) La "Co-Acción": fomenta procesos de acción en comunidad (interna y externa) para que la capacidad de trabajo en red resulte sostenible en el tiempo.

"5 I+E en Red"

– (5) "Involucramiento" o "Compromiso": los miembros de la comunidad buscan soluciones conjuntas y desde distintos puntos de vista, generando variada información que ayuda a los procesos de decisión. De esta forma, se incentiva la colaboración y el compromiso, permitiendo que las personas puedan conocer las aptitudes de sus pares. Lo anterior, genera un mayor consenso en las soluciones a diferencia de si estas fuesen concebidas por una sola persona.

– (6) "Diversidad": la información variada genera multiplicidad de caminos para innovar y emprender en los productos y servicios que la comunidad genera. Lo anterior, permite integrar a las personas a una cultura diversa y a ser partícipes de nuevos retos en red (nacen desde el interior o exterior de la organización).

– (7) "Conocimiento": la diversidad de información genera, a través de distintas fuentes, un valor de conocimiento de la organización, el cual será la base de la innovación y el emprendimiento en red o social. Las nuevas comunidades en red no sobreviven por la cantidad de ladrillos que acumulan, sino por el valor agregado (al conocimiento) a través de la generación de productos y servicios con impacto social.

– (8) "Calidad": el conocimiento, el involucramiento y la diversidad, en el mediano y largo plazo, hacen que los procesos de la comunidad se realicen con base en la calidad. La sobrevivencia de una comunidad no está asegurada por la cantidad de recursos o dinero que sus propietarios o personas generen, sino por la calidad del trabajo en la comunidad (como factor diferencial).

– (9) "Productividad": una comunidad que innova y emprende constantemente, mejora su productividad, la cual está directamente relacionada a la calidad del trabajo. De igual forma, el conocimiento, el involucramiento y la diversidad hacen que los gastos de la comunidad disminuyan.

"3A en Red"

– (10) "Agentes sociales": para promover la participación de las personas en la comunidad.

– (11) "Agentes de conocimiento": para incentivar la creación de saberes y el reconocimiento de experiencias a través de las conversaciones entre los miembros de la comunidad.

– (12) "Agentes de abundancia": para generar abundancia (tangibles e intangibles) en red y calidad de vida en la comunidad.

tejeRedes

SECCIÓN 1

DESDE EL INDIVIDUALISMO A LA COLABORACIÓN EN LAS COMUNIDADES

CAPÍTULO 1. EL INDIVIDUALISMO

El individualismo existe en general en las comunidades de emprendedores, en los equipos de trabajo y en las organizaciones tradicionales con jerarquías marcadas. Las personas se acomodan al organigrama para proteger tanto su salario como el poder asignado o reconocido por el cargo y las funciones.

En general, no estamos preparados para operar en otros sistemas de aprendizaje diferentes al individualismo, ya sea por factores culturales, educativos, por el confort o el miedo a perder la estabilidad. Por ello, decidimos permanecer e incluso acentuamos los procesos de negación entre las personas (lo contrario a promover la fraternidad).

"El individualismo existe en general en las organizaciones tradicionales con jerarquías marcadas"

Cuando en las comunidades se promueven otros sistemas de aprendizajes, o directamente se habla de poner en práctica (con acciones concretas) definiciones y mecanismos propios de los equipos colaborativos, algunas personas empiezan a operar desde el miedo.

¿Cómo se entienden las comunidades jerárquicas?

Las comunidades piramidales o sistemas de articulación jerárquicos están relacionados con nuestros sistemas educacionales, democráticos o religiosos. Es decir, en lo alto o en el cielo están los que dictan las reglas y abajo o en la tierra los que reciben las órdenes. Pero entre el cielo y la tierra existe una capa intermedia o un purgatorio (por sus propia convivencia con el poder) compuesto por personas que no pertenecen a ninguno de los dos niveles. En el último escalón del sistema o en el infierno están los que sobran.

Estos sistemas se caracterizan por ser verticales en su estructura y unidireccionales en las conversaciones. Los habitantes del cielo son los protagonistas y se preocupan que los de más abajo cumplan las metas de forma lineal.

Lo celestial v/s lo terrenal

En las comunidades matriciales, es decir, en el cielo (mundo celestial) -donde están los gerentes, directores, altos cargos y jefes de área- no conversan ni dialogan con los que están en la tierra (mundo terrenal), es decir, con los empleados de bajos cargos y aquellas personas que se relacionan con los clientes. La historia se repite una y otra vez.

Los que están en la tierra no entienden la razón de sus decisiones, muchas de las cuales les afectan directamente: cambios en la logística de trabajo, nuevas reglas con objeto de optimizar tiempos y costes, etc. Además, no suelen recibir explicaciones frente a dichas decisiones.

Por otro lado, existe la "queja" generalizada de que en el cielo poco saben de la realidad de los clientes. Se agudiza así, la percepción de que lo único que importa son los números y no las condiciones laborales ni humanas de los que están en la tierra: trabajadores y clientes. Así mismo, los del cielo, aún pensando que son los únicos que tienen la responsabilidad y autoridad para decidir sobre la sostenibilidad de la comunidad, se fortalecen en competencias para ser mejores líderes, trabajar de forma más participativa, mejores formas de relacionarse con los pares, etc. De igual manera, los de abajo reciben formación para optimizar y ser mejores trabajadores, para despertar el intraemprendimiento, el trabajo en equipo, etc.

Lo usual es que, entre los procesos de formación y fortalecimiento de competencias, los del cielo y los de la tierra no se crucen. Por ello, es difícil aglutinar en una sola formación a los miembros del cielo en la la tierra y viceversa. Los del cielo, después de un taller de competencias, proponen infinitos proyectos para coordinar e integrar a los de la tierra. Por otro lado, estos últimos, piden mayor coordinación entre jefes, áreas y planes de acción.

Los de la tierra a veces no llegan a reconocer a un solo jefe. Esto se debe, en gran parte, a los entramados difusos de comunicación, en los cuales diversos mandos envían varias órdenes unidireccionales (a veces contradictorias) a un mismo nodo.

El purgatorio

Como decíamos, existe un submundo intermedio entre lo celestial y lo terrenal. Un mundo de seres humanos trabajadores y ángeles, de personas con autoridad que no están ni en el cielo ni en la tierra, sino en una posición intermedia y no aparecen claramente en el sistema matricial de la comunidad.

Son personas que tienen acceso a los seres del cielo, a sus conversaciones e incluso pueden afectar el desarrollo de decisiones estratégicas y operativas que se envían desde lo más alto. Por otro lado, saben lo que pasa en la tierra y bajan como guardianes del cielo para escuchar y confesar a los fieles terrenales. También, aseguran a

estos últimos que sus peticiones serán consideradas por los de arriba.

Estas personas viven en el purgatorio, a mitad de camino entre lo celestial y lo terrenal. No pueden salir de su espacio de sobrevivencia, ya que no les quieren muy arriba, pero tampoco muy abajo. Los del cielo prefieren dejarlos donde están, es decir, en la mitad para que amortigüen el sistema y sus crisis, como una especie de bálsamo para quien lo necesite. Tampoco arriesgan mucho, ya que para eso están en el purgatorio. No les interesa subir a lo celestial, pero tampoco bajar a lo terrenal. Su mundo es cómodo, no se queman por ningún lado, son felices y aseguran su espacio de funciones.

El infierno

Hay otro tipo de personas, que son reconocidas como poco o nada funcionales por los de arriba y además son poco aceptadas por los de la tierra. Estas personas son las que se van al infierno, es decir, salen de la comunidad. En general, tienen historias de todo tipo, son víctimas o victimarios, no hay punto medio. Por una u otra razón dejan de ser importantes para la comunidad, ya sea porque cometieron graves errores o porque fueron el fusible o la parte más delgada de la cuerda. En el infierno conviven personas que estuvieron en el cielo o la tierra. Los menos son los del purgatorio (que en su posición cómoda difícilmente se queman con alguien).

Cielo
(las cabezas del organigrama)
"son los únicos que tienen la responsabilidad y autoridad para decidir sobre la sostenibilidad de la comunidad"

Purgatorio
(los asesores)
"viven a mitad de camino entre lo celestial y terrenal, no pueden salir de sus espacios de sobrevivencia, ya que nos los quieren muy arriba, pero tampoco muy abajo"

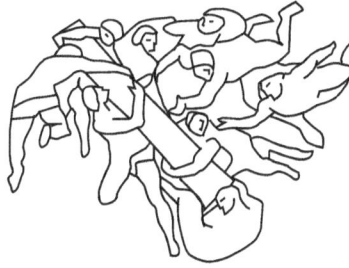

Tierra
(los ejecutores del trabajo)
"no entienden y tampoco reciben razones en torno a decisiones que les afectan directamente, como cambios en la logística de los lugares de trabajo, nuevas reglas de relación con los clientes para optimizar tiempos y costes, etc."

Infierno
(los despedidos)
"son quienes por una u otra razón dejan de ser importantes. A veces porque cometieron graves errores y otras porque fueron el fusible de la parte más delgada de la cuerda que se cortó"

CAPÍTULO 2. LA COLABORACIÓN

Desde la experiencia podríamos decir que la colaboración en las comunidades se establece en la relación de personas y acciones -que impulsan ciertos valores o ideales- en torno a un propósito bien establecido. Por ello, el eje son las personas y sin ellas no existiría la colaboración[6].

La colaboración ocurre en las organizaciones[7]:

– Cuando todos están unidos y tienen los mismos intereses/agenda común.
– Cuando todos se aceptan y existe fraternidad.
– Cuando todos desean conseguir el éxito en torno al propósito.

Las acciones que llevan el acento en la fraternidad, construyen colaboración. La fraternidad permite que las conversaciones fluyan y circulen entre las personas. En la medida que aparece el ego, la colaboración se va deteriorando. Por naturaleza somos colaborativos, pero el sistema (educacional, económico, social) tiende a movernos hacia el individualismo, ya que ir sólo, en teoría, es más cómodo y rápido. En cambio, ir acompañados y colaborar, es menos rápido y requiere paciencia, pero nos ayuda a llegar más lejos.

"Ir acompañados y colaborar, es menos rápido y requiere paciencia, pero nos ayuda a llegar más lejos"

Muchas personas dicen o creen colaborar, pero al momento de constatar las acciones, comienzan a asomar los matices de la palabra colaboración.

La colaboración es una sensación y si alguien la rompe, nuestro cuerpo se resiente. Por lo tanto, la colaboración es simplemente lo que nuestra biología nos deja sentir. Los sistemas colaborativos son menos frecuentes en las comunidades y su meta es poner a las personas como eje del sistema. Por ello, es importante que abunde la fraternidad.

¿Cómo son las comunidades colaborativas?

Se asemejan a los sistemas orgánicos y por sus características podemos compararlas a un jardín que alberga: estaciones, un ecosistema o hábitat, un jardinero y, por cierto, aromas y colores. Estos sistemas se caracterizan por ser distribuidos en su estructura y evolutivos

---

6. Consultar glosario y webgrafía: Entrevista Elena Sánchez.
7. Consultar glosario y webgrafía: Entrevista Beatriz Lara.

en las conversaciones que se tejen. Todos sus habitantes son protagonistas y participan de los procesos. Además, existe el rol del Articulador, el cual debe cuidar, al interior de la comunidad, la fraternidad, la libertad e igualdad. Todas ellas son características claves que darán cohesión, sostenibilidad y confianza en el sistema.

De esta forma, las comunidades se retroalimentan cuando todos cuidan del sistema (el jardín)[8].

Los ciclos
(la circulación y evolución de la comunidad)
"En el jardín las estaciones permiten que el ecosistema se renueve"

Las personas
(los participantes de la comunidad)
"En el jardín: animales, insectos, plantas, árboles, flores, todos se conectan y se alimentan entre todos"

El Articulador
(el tejedor de personas)
"Es la persona que riega y nutre el jardín, poda los árboles y plantas, da vuelta la tierra, etc"

Confianza: libertad, fraternidad e igualdad
(la cohesión de la comunidad)
"En el jardín hay aromas y colores que nos inspiran a quedarnos"

---

8. Consultar glosario y webgrafía: Entrevista Elena Sánchez.

Las estaciones: los ciclos (la circulación y evolución de la comunidad)

Las estaciones (invierno, primavera, verano y otoño) en algunas cosmologías reflejan la circularidad y evolución de la vida. Por ejemplo, en la cultura Mapuche se celebra la salida del sol en cada nuevo ciclo. Los ciclos y sus propósitos muestran la evolución de la comunidad en relación con el objetivo central. Por ejemplo, si el propósito principal es "producir alimentos sanos para mejorar la calidad de vida de las personas", la organización tendrá diferentes ciclos que deberá respetar (al igual que aquellos que tiene un jardín para vivir).

Si la comunidad no respeta aquellos ciclos, se generan las crisis, ya que no adecuan su objetivo central al propósito de los ciclos. De esta manera, se debe identificar y dejar tiempo en cada etapa para[9]: tiempo de lluvias, brotes, abundancia y descanso.

Tiempo de lluvias
Es importante que las personas de la comunidad se expongan al agua y al viento para que las vivencias pasen, se limpien las energías y se renueven los estados de ánimo. Dichos períodos se dan con posterioridad a los quiebres y, por ello, es necesario poner a descansar el sistema o dejar que las emociones de las personas involucradas percolen durante un tiempo. De esta forma es necesario tomar períodos de silencio y reflexión que permitan meditar y aprender de la historia vivida.

Tiempo de brotes
Después de la reflexión y la observación, la comunidad empiezan a tener otras miradas y conversaciones que fomentan períodos de escucha activa y aprendizajes del pasado. Es también un período de creatividad e innovación que permite potenciar el propósito central de la comunidad, sus valores, ideales y los paradigmas que la mueven. Lo anterior, generará cercanía y comunicación al interior (entre los que trabajan por el propósito) y en el exterior (clientes, proveedores, etc.).

Tiempo de abundancia
Una vez que la creatividad y la innovación han dado sus frutos, es necesario proveer a quienes nos rodean. Aquello, generará abundancia en las relaciones (valor social), se compartirán conocimientos y experiencias (valor de conocimiento) y suscitará recursos para intercambiar, vender, etc. (valor de uso). En aquel momento, es importante, entonces, reservar para los siguientes períodos del ciclo.

Tiempo de descanso
Cuando el sistema está lleno de valor social, de conocimiento y de uso (económico) hay que descansar, disfrutar lo conseguido y mantener el sistema para que, en algún momento, llegue un período de renovación. Hay que esperar ese punto de quiebre que permita empezar de nuevo y evolucionar en el tiempo, ya que si nos quedamos en lo mismo y con lo mismo, la comunidad estará destinada a morir.

Los ciclos son importantes para la circulación y evolución de la comunidad y su sistema de articulación. Es importante saber que, en alguna parte del ciclo, todo descansará para siempre, es decir, morirá por factores naturales o externos.

El hábitat: Las personas (los participantes de la comunidad)

El hábitat o ecosistema de habitantes del jardín, es lo que permite que exista la diversidad y desde allí la colaboración en la comunidad. Así lo explica Jordi Bascompte[10]:

"Tanto los ecosistemas como los sistemas económicos forman redes complejas en que múltiples actores interactúan unos con otros". Además agrega: "En estas redes, las plantas benefician a los insectos y los insectos a las plantas. Además, unas especies de insectos pueden beneficiar a otras si van a las mismas plantas. Y unas especies de plantas pueden beneficiar a otras si las polinizan los mismos insectos. Es lo que llamamos una red mutualista"

Bascompte explica también lo que sucede en los sistemas de articulación virtuosos y complejos, como por ejemplo la industria de la moda entre diseñadores y contratistas. También en el hábitat de insectos y plantas es importante cuidar a las personas que generan la fraternidad, ya que son ellas las que construyen o dan cohesión a la comunidad. En este sentido Bascompte dice:

"Si todo el mundo actúa de manera egoísta, la sociedad entera se colapsa. Por lo tanto, si queremos tener un sistema social estable, conviene crear incentivos y reconocimiento para quien contribuye

---

9. Consultar glosario y webgrafía:
Ciclo el año Mapuche.
10. Consultar glosario y webgrafía: Jordi Bascompte.

al bien común. Hay que proteger a los que más ayudan porque son los más vulnerables a la extinción". Y agrega "Identificar los nodos que más contribuyen a la robustez de la red y protegerlos ayudará a que la red sea menos vulnerable al error o al ataque de un hacker"

La polinización entre diferentes insectos y plantas contribuye a que los procesos de innovación y creatividad resulten colaborativos. Por lo tanto, es clave tener diferentes perfiles de personas que interactúen en la organización para que el sistema de articulación resulte sostenible. Es importante que todos los habitantes del sistema mantenga el equilibrio. Si éstos no se encuentran bien o no se aceptan, el sistema tenderá a romperse y a fraccionarse.

Por eso es importante proteger a cada persona que compone la comunidad. Como se dijo antes, es necesario cuidar a las personas que cultivan, particularmente, la fraternidad, la generosidad, transparencia, etc., ya que ellas serán las polinizadoras del sistema para que el ciclo evolucione. Por otro lado, es importante estar alerta con las personas que conviven en torno a los egos y a la negación, ya que provocarán en el largo plazo el colapso del sistema colaborativo.

El jardinero: El Articulador (el tejedor de personas)

Es la persona que cuida el hábitat o ecosistema del jardín. Entre insectos y plantas, es quien de acuerdo al ciclo de "lluvias", "brotes", "abundancia" y "descanso" resolverá diferentes formas de actuar según el momento: abonar la tierra, podar las plantas, etc. En una comunidad es quien, año tras año, va afinando la escucha y la observación de las personas en torno al sistema de articulación. De esta forma, es capaz de evidenciar los ciclos, los nodos de conflicto, los nodos de abundancia, etc.

El jardinero es una persona importante e irremplazable, pero también debe ser cauta, sigilosa, casi invisible, dejando que el ecosistema continúe su vida, pero tejiendo día a día las relaciones y conversaciones que se cruzan en el jardín u organización.

El jardinero va colocando semillas según los momentos del ciclo, pero nunca sabrá lo que pasa. De esta forma lo que realiza son procesos de articulación que permiten que la comunidad circule y evolucione según el nivel de agua, la calidad de la tierra, la gradación solar, intensidad de las polinizaciones y cruces entre insectos/plantas. Así se crean, entonces, las instancias para que las plantas crezcan fuertes y los insectos se mantengan vigorosos. El jardinero es como la araña, teje y teje, y cuando siente que algo no está bien en el sistema o jardín, inmediatamente intenta resolver ese nudo de conversación.

Los aromas y colores: La confianza, fraternidad, libertad e igualdad (la cohesión de la comunidad)

Lo más significativo de un jardín son sus colores y aromas, ya que permiten que sus habitantes disfruten y convivan en el ecosistema. En una comunidad lo relacionamos al buen ambiente o el fluir de la fraternidad y la construcción de confianza.

Lo anterior, provocará que nuevas interacciones se unan al ecosistema, aumentando su capacidad de polinización y resiliencia entre un ciclo y otro. Esto se traduce en que nuevas personas se sientan atraídas -de forma libre e igualitaria- por la comunidad. Ello permite que el hábitat se fortalezca.

Si un jardín tiene un buen cuidado (por parte de sus jardineros), vive cada ciclo correctamente y desarrolla una positiva interacción, tendrá aromas y colores especiales, independiente de la estación del año. Por lo tanto, la confianza junto a la fraternidad, no resulta sólo del mero respeto o grado de aceptación: es un camino de trabajo a largo plazo, donde la comunidad se esmera en la siembra y la cosecha. Aquello repercutirá positivamente en el equilibrio y la sostenibilidad del sistema de articulación.

La fraternidad debe estar acompañada de la igualdad y la libertad para darle cohesión a la comunidad. La fraternidad es una danza sincronizada y armónica que establece lazos empáticos con otros e impulsa un conjunto de acciones que movilizan a una comunidad. Por lo tanto, la comunidad se mueve desde la fraternidad y si ésta desaparece se fraccionará.

CAPÍTULO 3. ¿CÓMO INICIAR EN LAS COMUNIDADES EL CAMBIO DESDE EL INDIVIDUALISMO A LA COLABORACIÓN?

Para iniciar el cambio es importante preguntarnos cómo es posible pasar de prácticas organizacionales donde predomina el individualismo, las jerarquías y los egos, a prácticas donde las personas colaboren.

Tres caminos para regenerar sistemas colaborativos

Es necesario recordar que las características de la colaboración siempre nos han acompañado (desde nuestro nacimiento), pero las vamos olvidando a favor del individualismo. Por lo tanto, es posible regenerar las características colaborativas (personal y colectiva), ya que son parte de nuestra naturaleza.

Adquirimos ciertas características individualistas, ya que los gimnasios donde practicamos las relaciones humanas o las estructuras donde convivimos diariamente (gobiernos, sistema educacional, escuelas, trabajo, la propia familia o el club de deportes) son módulos muy jerárquicos y en muchos de ellos se promueve la competencia (quién es mejor en detrimento de otro) avivando, con ello, la llama de los egos personales y colectivos.

La experiencia nos invita a observar 3 caminos relacionados al concepto de comunidad, con objeto de regenerar e iniciar un proceso de cambio, es decir, para pasar de sistemas gobernados por el individualismo a la colaboración. Estos caminos son:

– Desde las personas (emprendedores o agentes de cambio)
– Desde la red/comunidad local (personas, equipos y organizaciones acotadas en número)

– Desde la red/comunidad global (territorio de personas y organizaciones no acotada en número)

Si bien los tres caminos son formas diferentes de abordar el cambio, es necesario señalar que -al estar relacionados entre ellos- son también tres maneras de abordar las necesidades de un mismo sistema. Desde tejeRedes, sumamos además la visión más holística.

Entre personas, red/comunidad local y global existen diferencias sutiles, pero al momento de direccionar el camino, las vicisitudes surgen en la forma e intención de promover un cambio hacia lo colaborativo (considerando por cierto el número de personas involucradas y cómo emerge la iniciativa).

No existe una regla clara. Desde los sistemas tradicionales se habla de procesos "Bottom Up" (de abajo a arriba) y "Top Down" (de arriba a abajo) para entender cómo nacen las intervenciones (desde las bases del pueblo o desde la cabeza del gobierno). Esto se ve mezclado a la vez con procesos endógenos (desde dentro) o exógenos (desde fuera) para comprender cómo se activa el sistema.

En nuestro caso, y desde la mirada de los sistemas complejos de actividad humana, la regla general aplica que todo puede empezar y ocurrir por cualquier parte (incluidas las miradas Bottom Up o Top Down y Endógenos o Exógenos). Lo importante es determinar en qué nivel estamos las personas observando el sistema y cómo se tejen las conversaciones. Estos niveles de observación y conversación pueden darse desde:

– Red/comunidad más global: red amplia de personas y organizaciones que se relacionan en un territorio (por ejemplo más de 180 personas)

– Red/comunidad local: comunidad acotada de personas que conviven en una organización o equipo (por ejemplo 7 a 180 personas), o
– Personas: emprendedores o agentes de cambio en conjunto con sus pares (por ejemplo 1 a 7 personas).

Desde la red/comunidad global o territorio, la comunidad de personas es muy amplia, como un barrio o una universidad. Las necesidades derivan de clamores generalizados.

Desde la red/comunidad local o equipo/ organización, hablamos de comunidades más acotadas que conviven en una pequeña y mediana empresa (PYME) o una organización cultural de barrio. Las necesidades derivan de colectivos de personas acotadas.

Desde las personas o emprendedores/ agentes de cambio, hablamos de personas que destacan en la comunidad de un territorio o equipo/organización y que impulsan procesos de cambio, como por ejemplo, un arquitecto de viviendas sociales o un actor de teatro que conecta patrimonio y ciudadanía. Las necesidades nacen de la observación de una o pocas personas.

Red/comunidad global o territorio

La red/comunidad global (o territorio) la podemos asemejar a un contenedor general del sistema. La mayoría de estas personas son parte de diferentes dominios traducidos en comunidades u organizaciones que se conectan entre ellas para desarrollar diferentes propósitos.

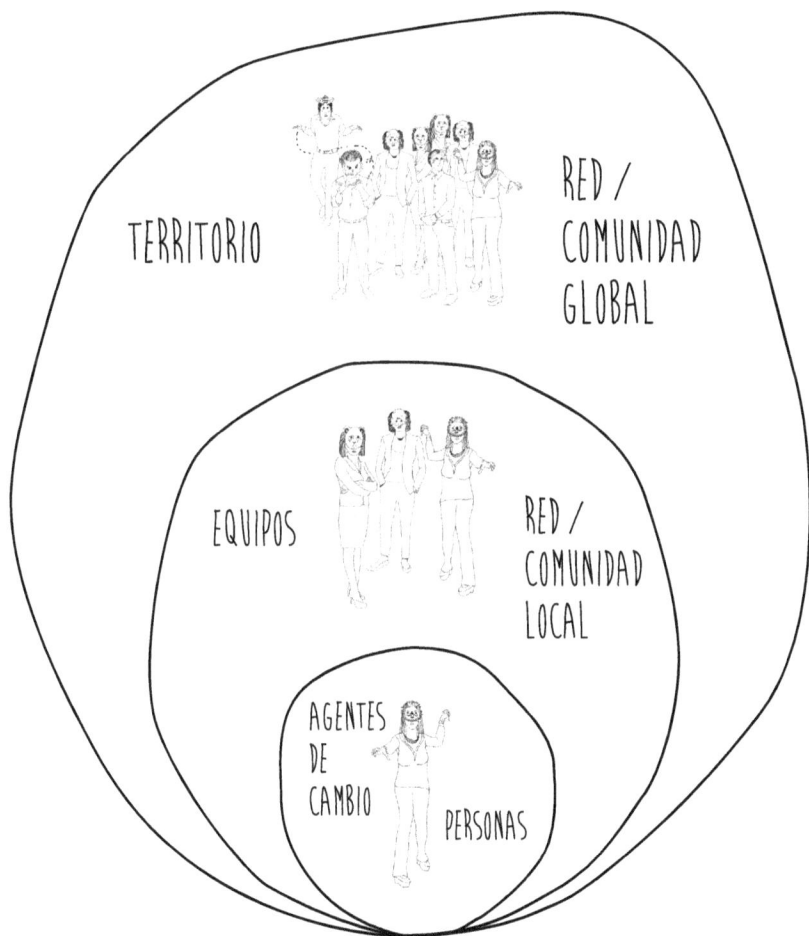

TERRITORIO

RED / COMUNIDAD GLOBAL

EQUIPOS

RED / COMUNIDAD LOCAL

AGENTES DE CAMBIO

PERSONAS

La mirada desde la red/comunidad global o territorio es amplia y necesita fijar muy bien las necesidades de trabajo para encaminar un proceso de cambio.

Existen ejemplos interesantes en este ámbito. Un caso es la universidad[11] que, vista como un territorio, conviven diferentes estamentos y miles de personas (funcionarios, profesores y alumnos). En este caso, la cabeza del organigrama (entiéndase la rectoría), decidió, en su planing de trabajo, promover una cultura colaborativa y para ello creó un programa[12] transversal que, sin cambiar la estructura formal de la universidad, comenzó informalmente a regenerar procesos colaborativos a través de la identificación de necesidades colectivas y la formación de equipos interdiciplinarios.

Lo interesante de este caso, es cómo impulsando procesos de formación y cambios en las prácticas de trabajo en equipo (cambiar el gimnasio y las sesiones de entrenamiento), con metodologias y tecnologias sociales colaborativas, las personas comenzaron a movilizar acciones que desembocaron en una energía que ilumina el territorio: cultura colaborativa.

Red/comunidad local o equipo/ organización

La red/comunidad local o equipo/ organización es un nivel intermedio de actuación. Se refiere a personas que, unidas por un propósito y desde sus actividades, desean realizar un proceso de cambio en sus relaciones internas y externas.
La red o equipo se relaciona con: las áreas de trabajo de una organización

(equipo comercial de una empresa), un grupo de personas que desarrollan con un proyecto (asociación cultural de barrio) o con nuestras vidas de padres, madres, hijos/hijas (la familia). En este ámbito también existen ejemplos interesantes: las empresas que deciden cambiar sus modelos de gestión y participación de la propiedad y los trabajadores[13].

Este sería el caso de una empresa[14] en la cual sus trabajadores deciden cambiar el modelo, es decir, el organigrama y los procesos de trabajo, para lograr más horizontalidad, una mejor distribución en la toma de decisiones y aumentar las relaciones abiertas de colaboración con la comunidad (proveedores, clientes, ciudadanía, etc).

Personas o emprendedores/agentes de cambio

Muchos equipos o red/comunidad local se forman por acciones sociales o de emprendimiento, sin embargo, siempre existe una persona que destaca por sus cualidades de agente de cambio. Es decir, personas que son activistas sociales o emprendedores. La mayoría de ellos tienen un apellido en común: líderes.

Aunque existen diversos matices para caracterizar a un agente de cambio, está claro que hay una diferencia abismal entre un líder que promueve la colaboración y otro que se inclina por el individualismo. Es importante que los líderes colaborativos emerjan desde las bases de los territorios o equipos y lo hagan por sus propias características (de forma organizada y no forzada).

Se acostumbra que, en los sistemas individualistas, los roles de liderazgo se designen con el dedo del favoritismo. En los sistemas colaborativos, en cambio el liderazgo de las personas emerge como resultado del reconocimiento de los otros.

Debido a una serie de factores, como el disconformismo con el sistema global, los problemas derivados de las migraciones forzadas por las crisis territoriales y la pobreza, ha comenzado destacar personas que usualmente llamamos agentes de cambio. Sin embargo, son también emprendedores sociales o simplemente líderes de sus territorios. Éstos desarrollan procesos de cambio, en la cual:

– En primer orden, identifican en la comunidad necesidades o problemas para transformarlos en oportunidades o retos.
– Segundo, la comunidad se interesa por el reto y son capaces de impulsar directamente soluciones o equipos colaborativos para abordarlos.
– Tercero, desarrollan un proyecto traducido en un negocio o acción de cambio social.
– Cuarto, implementan el cambio a través del proyecto (producto o servicio).
– Quinto, la comunidad valida y participa del proyecto (comprando el producto o servicio) o proceso de cambio.

---

11. Consultar glosario y webgrafía:
Universidad Politécnica de Cataluña (UPC).
12. Consultar glosario y webgrafía:
Programa NEXUS24 Universidad Politécnica de Cataluña (UPC).
13. Consultar glosario y webgrafía: NER.
14. Consultar glosario y webgrafía: Empresa Lancor.

Actualmente, en este ámbito de agentes de cambio, tenemos muchos ejemplos de personas y organizaciones[15] que quieren modificar sus entornos y, en lo posible, el mundo. Es en este entorno, por ejemplo, que se movilizan jóvenes para mejorar la calidad de vida de personas y territorios menos favorecidos en lo económico. Es decir, personas que quieren modificar la forma y fondo de cómo se construyen barrios de viviendas sociales[16] o cómo las personas del barrio se involucran en sus necesidades y soluciones de forma colaborativa.

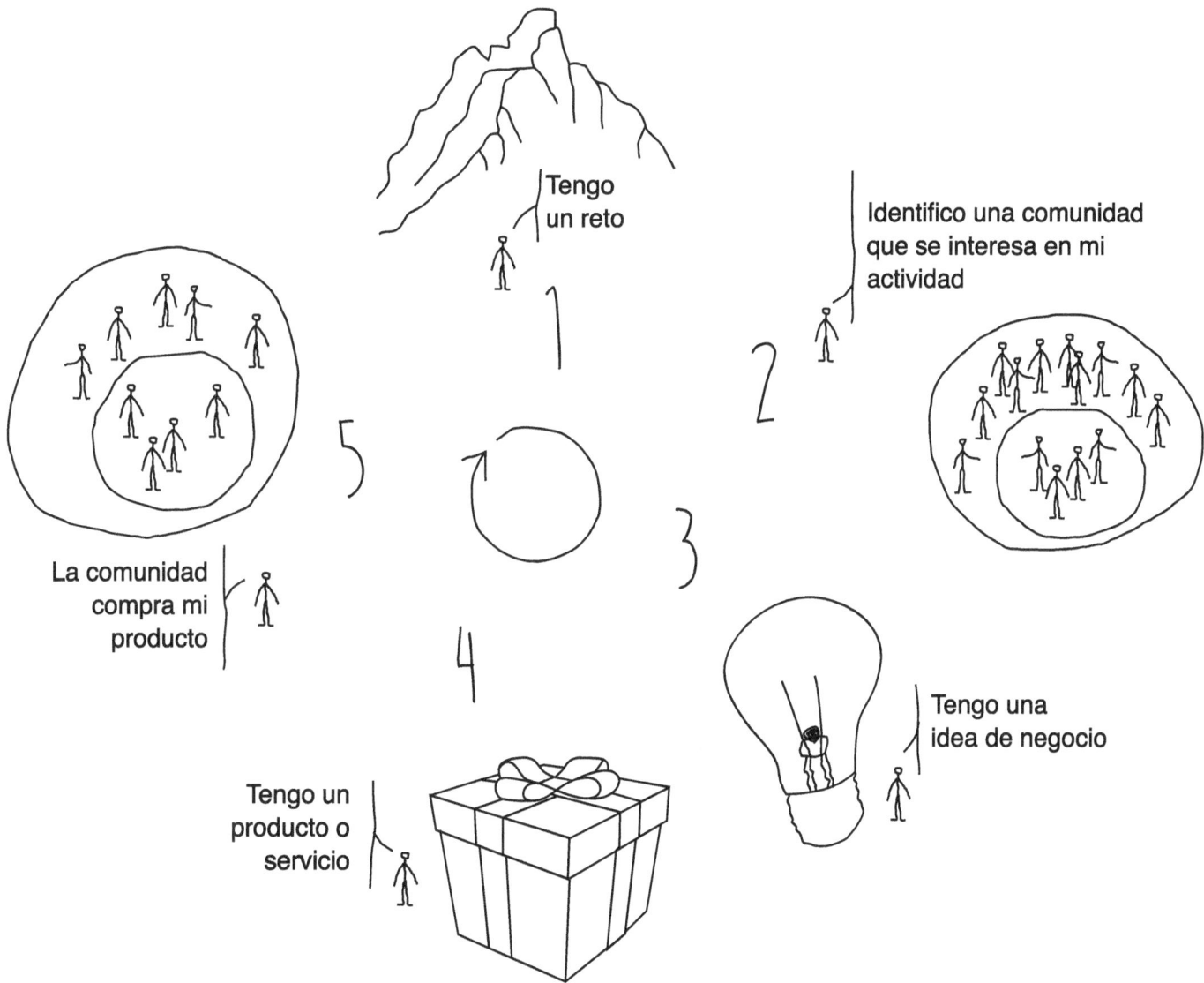

Tengo un reto

Identifico una comunidad que se interesa en mi actividad

La comunidad compra mi producto

Tengo un producto o servicio

Tengo una idea de negocio

15. Consultar glosario y webgrafía: Organización Techo.
16. Consultar glosario y webgrafía: Alejandro Aravena y estudio de arquitectura Elemental.

CAPÍTULO 4. EL ARTICULADOR TEJEREDES
¿CÓMO PROMOVER LA COLABORACIÓN?

El rol de Articulador lo desarrollaremos en varios capítulos. En una primera parte, presentaremos su función sustantiva de articulador (promotor). En una segunda, abordaremos su función de tejedor de seres humanos y, finalmente, explicaremos su función de diseñador para implementar el trabajo en red y los sistemas de articulación colaborativos.

Articulando para promover colaboración

La colaboración aplicada a las comunidades es un concepto muy integrador y holístico, pero el Articulador buscará inspirarla y llevarla a la acción de acuerdo a las experiencias y realidades[17]:

– La colaboración, en un sistema de gestión, debe adaptarse a la capacidad de la comunidad y adecuarse a los entornos. Por ejemplo, en organizaciones del sector tecnológico, la colaboración se da de manera bastante natural. Al contrario, en ciertas cooperativas, si bien la colaboración es central, eso no implica que se desarrolle de forma eficiente.

– La colaboración tiene que estar alineada con el propósito del negocio y la satisfacción de las personas de la comunidad. Es importante el "para qué" realizamos procesos colaborativos (temas comerciales, de innovación, etc), ya que todos tendrán diferentes enfoques de trabajo.

– Es necesario definir por escrito las reglas del juego o criterios, ya que determinarán el marco colaborativo. Además, es importante que sean compartidas y comunicadas por todos y que las definiciones no limiten los procesos colaborativos.

– Es deseable sacarle el máximo provecho a las personas que participan del proceso. Los estudios indican que cuando la colaboración es activa en una comunidad los resultados económicos y la satisfacción de las personas es alta.

– A través de la colaboración se debe generar valor de uso o económico y éste debe repercutir en las personas que lo han generado. Las estructuras de horas extras o bonos no ayudan a los procesos colaborativos.

– El proceso colaborativo se puede iniciar con equipos acotados y personas que estén dispuestas a colaborar y adaptarse. De esta forma, puede ser mucho más fácil experimentar o replicar en otros grupos.

– En algunos procesos de cambio, nos podemos encontrar con comunidades que desarrollan técnicas colaborativas, pero al final las decisiones las toman unos pocos.

Por otro lado, para iniciar un proceso de cambio desde la colaboración, nos podemos encontrar que[18]:

---

17. Consultar glosario y webgrafía: Entrevista Jordi Martí.

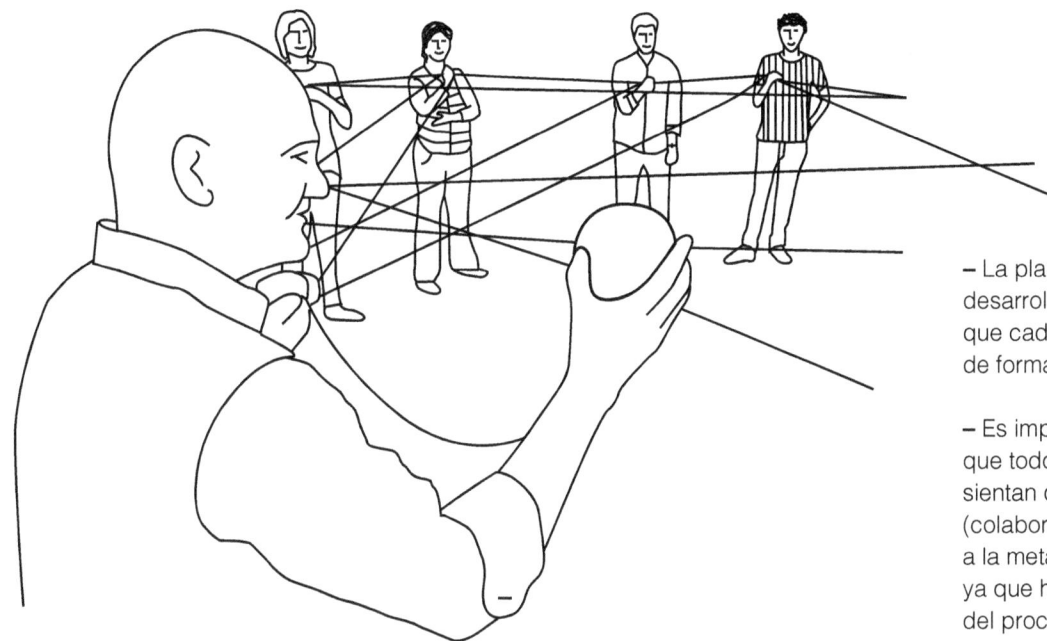

"El Articulador es un tejedor de conversaciones colaborativas entre seres humanos"

– Si las empresas u organizaciones, basadas en procesos de gestión tradicional, avanzaran hacia equipos directivos más colaborativos, sería un gran logro para iniciar un cambio. La burocracia la generan los directivos, a través de proyectos inútiles, para justificar el trabajo y su remuneración.

– Si en una organización la directiva trabajara colaborativamente, se podría aumentar la productividad y, con ello, se eliminarían muchos proyectos ineficaces. De esta forma, se avanzaría en otros niveles de la organización para desarrollar equipos colaborativos.

– Es más fácil iniciar procesos de cambio (hacia sistemas de articulación colaborativos) cuando tenemos organizaciones con un solo dueño.

– El ego puede paralizar un proyecto. Por ello, dejar que los equipos funcionen de forma auto-organizada es un gana-gana, donde el mérito es de todos.

También la experiencia de articulación nos da algunas líneas para que la colaboración se instale a nivel micro en los equipos de trabajo o emprendedores[19]:

– La planificación en general hay que desarrollarla de forma colaborativa para que cada uno pueda realizar su trabajo de forma clara.

– Es importante cerrar un proyecto y que todos estén de acuerdo para que sientan que han conseguido el éxito (colaborativamente). Cuando todos llegan a la meta, se sienten felices y motivados, ya que han participado conjuntamente del proceso.

– Un equipo que tiene personas que no son parte del éxito final, romperán la ecuación colaborativa. Hay que reconocer, por tanto, los aportes de las personas.

– Para poder innovar se necesita de la colaboración de todos. Por ende, es necesario construir en base al trabajo de diferentes personas (hasta ir mejorando un proyecto).

– No es lo mismo un equipo que trabaja colaborativamente que colaborar en una organización.

18, 19. Consultar glosario y webgrafía: Entrevista Beatriz Lara.

tejeRedes

SECCIÓN 2

CONCEPTOS Y PRÁCTICAS DEL TRABAJO EN RED COLABORATIVO

CAPÍTULO 5. CLEHES, LA CÉLULA DE LAS REDES

Para poder comprender qué es el trabajo en red colaborativo, tenemos que, en primer lugar, observarnos como seres humanos y, en segundo lugar, preguntarnos cómo nos movemos en red[20]. Osvaldo García y Soledad Saavedra[21] han investigado por largos años los elementos claves que explican cómo los seres humanos nos relacionamos y aceptamos. Han identificado seis características que se resumen en la palabra CLEHES[22]: Cuerpo + Lenguaje + Emociones + Historia + Eros + Silencio.

El CLEHES es una tecnología similar a un lente que nos permite observarnos, mirar a otros o a las redes de personas que nos rodean. Es una herramienta gratuita que se incluye al aprendizaje de nuestro cuerpo. El CLEHES va operando en la historia conversacionalmente, irrumpiendo en los espacios educacionales formales o lineales, para colocar el eje en lo humano.

La tecnología del CLEHES

La letra "C" se refiere al Cuerpo. En este punto aparece, por ejemplo, la pregunta ¿A dónde hemos puesto amorosa o laboralmente nuestro cuerpo? Es el Cuerpo el que aprende y da cuenta de nuestra historia o construcción de identidades o microidentidades.

La letra "L" se refiere al Lenguaje: cómo hablamos y escuchamos. El lenguaje y la escucha son relevante en el diseño y la capacidad de crear, en las posibilidades de construir realidad, de generar puentes, de aceptar o negarnos a nosotros mismos o a otros, de abrir o cerrar espacios. La escucha es clave en la construcción de conversaciones a través del Lenguaje.

La letra "E" da cuenta de las Emociones como capacidad de acción. No es lo mismo estar en una situación de buen estado (feliz) o bajo estado de ánimo (triste), ya que condiciona nuestras acciones. Es importante observar el estado de ánimo desde la mañana al anochecer, ya que según las situaciones experimentadas, se modificará nuestro

---

20. Consultar glosario y webgrafía: Capítulo del CLEHES. Este capítulo se ha construido con base a la colaboración y conversaciones desarrolladas con Osvaldo García y Soledad Saavedra (profesores, investigadores y creadores de la tecnología del CLEHES).

21. Consultar glosario y webgrafía: Osvaldo García y Soledad Saavedra.

22. Consultar glosario y webgrafía: CLEHES.

estado de ánimo en relación con el CLEHES. Es importante educar y observar las emociones.

La cuarta letra, la "H", hace referencia a la Historia. Si observamos la historia en nuestro cuerpo veremos cómo se ha modificado en el tiempo nuestra identidad. Las situaciones de felicidad, tristeza, rabia o miedo (infancia, adolescencia o adultez) modifican nuestra historia. Basta tener una mirada distinta de la historia y de las situaciones para movilizarnos de manera diferente en la acción. Es decir, tener un observador distinto de mi CLEHES y de la situación, permite cambiar mi devenir e historia.

La letra "E" se relaciona con el Eros o la capacidad de ternura o de acogida que tengo conmigo mismo o con el otro. Aquí es donde se condiciona la aceptación o negación. Los mayores dolores vienen en lo erótico o amoroso de nuestras vidas (por ejemplo, ruptura de nuestros padres, negación en el lenguaje, negación en el afecto). Otra característica del eros está relacionada a la sensualidad y la capacidad de estar abiertos (nuestro cuerpo) para interactuar con otros y crear realidades o situaciones. También, puede darse el caso contrario, es decir, para cerrar o negar situaciones.

La última, la letra "S" da cuenta del silencio o nuestra relación con la espiritualidad para observarnos íntimamente en nuestros espacios de aprendizaje. Desde el silencio podemos aceptarnos, pero también negarnos a nosotros mismos y a los que nos rodean. Tenemos que cuidar el uso del silencio, ya que se puede usar como castigo al negar a las personas.

El CLEHES nos permite diseñar y transformar las situaciones. Las diferentes dimensiones del CLEHES (Cuerpo +Lenguaje +Emociones +Historia +Eros +Silencio) están entrelazadas y cuando necesitamos cambiar algo, podemos colocar el observador sobre algunas de las dimensiones para cambiar nuestro propio CLEHES o el de otras personas. Por ejemplo, usar el lenguaje para transformar la queja en acción (buscar trabajo).

La célula de las redes

Cada célula de una red es un CLEHES que representa al ser humano. Todos los CLEHES son únicos e irrepetibles y las dimensiones de corporalidad, lenguaje, emociones, historia, eros y silencio configuran el movimiento e identidad de la red o comunidad. La red puede aprender y moverse o pasar de la rigidez a la flexibilidad (y viceversa) si los CLEHES son capaces de adaptarse. En general, la red es rígida cuando un sólo CLEHES centraliza a otros y es flexible cuando los CLEHES se distribuyen en roles y acciones en la red.

Las situaciones según nuestro observador tendrán diferentes interpretaciones según la persona o el CLEHES que observa desde su historia, permitiendo modificar las identidades o microidentidades. Por lo tanto, diferentes CLEHES o personas observarán o escucharán de forma distinta una misma situación. No es lo mismo observar desde un enfoque erótico de aceptación que desde la rabia (negación). Desde la felicidad o tristeza podemos aceptar y desde el miedo o la rabia podemos negar.

Espacios que se han construido desde el eros o amor (aceptación) tienen mayor posibilidad de creatividad y autonomía que los espacios construidos desde la negación que necesitan de jerarquización o que alguien nos dirija. Por eso, es importante la educación en el CLEHES para generar autonomía y creatividad en redes distribuidas y colaborativas de seres humanos. La red difícilmente podría aprender, crear e innovar si no es capaz de observarse a sí misma, entre los CLEHES y en el propio observador.

El Eros y la Seducción: el pegamento de las redes

Para tejer, desarrollar networking o facilitar el trabajo en red, es requisito básico operar desde el Eros. Soledad Saavedra relaciona dos características que permiten a los seres humanos conectarnos y generar intimidad: la mano y la piel (despiertan el sentido del tacto).

Los seres humanos somos muy vulnerables tanto al momento de nacer (nos tardamos varios años en ser personas autónomas) como el resto de nuestra vida. Esta vulnerabilidad nos hace ser muy abiertos a los demás, ya que nos necesitamos. Desde esa vulnerabilidad es que nace la intimidad como un acto natural de conexión y, por ello, podemos interpretar que los seres humanos por naturaleza nos conectamos.

Cuando nos cerramos al acto biológico de la intimidad nos olvidamos del Eros que es parte de nuestra naturaleza. Nos cuesta recuperar la intimidad por nuestros egos. La intimidad tiene que ver con

CLEHES

Soledad Saavedra y Osvaldo García

aceptar al otro como un legítimo otro. La falta de intimidad es la negación del otro. Podemos negar a otros con el CLEHES desde el lenguaje, silencio, cuerpo, etc. Para reconstruir relaciones el CLEHES es también constructor de intimidad a través de Eros y el resto de elementos (Cuerpo, Lenguaje, etc).

Los seres humanos tenemos la posibilidad, a partir del eros, de construir comunidad. El Eros en una conciencia participativa, es decir, estoy con otros bajo el placer de conversar y compartir disfrutando. El Eros nos permite expandir nuestra conciencia y observador para abrirnos a nuevos aprendizajes en una red muy amplia. La construcción de halagos abre mundos entre las personas.

Pero también negar, por ejemplo, desde el lenguaje (juicios) o cuerpo (alejarnos) a otras personas, provoca que las

relaciones no resulten fluidas y que la red se constriña o se limite el radio de acción. Escuchar y aceptar a otros no necesariamente significa estar de acuerdo. No se trata de cambiar a otros, sino de entender y buscar consensos.

El mayor dolor de las personas en la red son las incompatibilidades de CLEHES entre los seres humanos, que se traducen en procesos de negación de nosotros o entre las personas (negación del amor). Son importantes las rupturas o quiebres que se viven diariamente, ya que desde allí emerge el Eros, tan necesario para reconstruir nuestro CLEHES o el de terceros. No es lo mismo escucharnos desde el Eros que sin él.

El Eros se manifiesta en toda su esencia cuando, en su capacidad de seducción, logra unir un CLEHES con otro; es decir, cuando se logra configurar una conexión

que genera vida en la red. La seducción son todos aquellos lazos invisibles de química y entendimiento que se dan entre las personas. Sin el Eros, es probable que la configuración de redes y comunidades no exista. La seducción es una capacidad innata del ser humano, pero aún así, se puede aprender y entrenar.

Tejer redes o erotizar comunidades

Profundizando el tema del Eros, y conectándolo con el tema de tejer redes, podríamos decir que la estrategia para que las comunidades sobrevivan -desde su condición de sistemas de personas- pasa por la necesidad de "erotizar". Es decir, que dejen fluir el Eros en la aceptación de las personas más allá de las diferencias en los contenidos (por ejemplo, aceptar a una persona a pesar de nuestras diferencias a la hora de trabajar. Es en ese momento cuando logramos acuerdos para convivir).

De esta forma fluirán los valores básicos que hemos definidos desde nuestros sistemas: la libertad, igualdad y fraternidad. Ello permite obtener comunidades más felices y espacios donde las personas quieren estar. Un estudio de Harvard[23], por ejemplo, (lleva 75 años estudiando a 2 grupos de algo más de 750 personas en Boston) concluye que la salud y el bienestar de las personas tiene directa relación con la calidad y armonía de nuestras convivencias y relaciones sociales.

---

23. Consultar glosario y webgrafía: TEDx ¿Qué resulta ser una buena vida?

Tres conceptos claves alrededor del CLEHES

Existen tres referencias que enriquecen el concepto del CLEHES al momento de gestionar y tejer comunidades y organizaciones: Observador, Enacción y Sistemas de Aprendizaje. Dichos conceptos han sido adaptados al trabajo en red. Más adelante explicaremos la relación del Articulador con estos conceptos.
– Observador
– La gestión enactiva
– Sistemas de aprendizaje

Observador

Los niveles de observación son cuatro:
– Observador de primer nivel o Auto-Observador: es aquel que todos tenemos al momento de poner la lupa en nuestro propio CLEHES. Por lo tanto, es capaz de observar las distintas dimensiones de nuestro CLEHES.
– Observador de segundo nivel o Bi-Observador: opera cuando interactúa con sus pares, de forma directa, a través de conversaciones bilaterales. Es capaz de observar el CLEHES de los seres humanos que se coordinan y acoplan directamente con él.
– Observador de tercer nivel o Multi-Observador: opera cuando realiza una observación global del sistema de CLEHES. No se detiene en las relaciones uno a uno, pero es capaz de percibir el clima general de una red o comunidad.
– Observador de cuarto nivel o Intu-Observador: actúa desde la intuición o la contemplación (interior) para conectarse con el exterior, adelantándose a procesos de observación que se darán en el futuro. De esta forma, la percepción de

la historia le permite intuir la realidad de él mismo (Auto-Observador), con otros (Bi-Observador) o las conexiones con la comunidad o red (Multi-Observador).

La gestión enactiva

La enacción es la capacidad de vivir en nuestro entorno social, económico, etc, adaptando permanentemente nuestro CLEHES a las condiciones del medio o dominios a través de la observación (reflexión) y el movimiento (acción). La gestión enactiva es la capacidad de enacción sobre la comunidad. En cualquier circunstancia la gestión enactiva se relaciona con el hecho de gestionar metafóricamente una obra de teatro, en donde el coreógrafo o Articulador puede congelar la escena para observar los CLEHES, conversaciones y acciones en la comunidad:

– Si las conversaciones y quehaceres aún no están maduras para avanzar, seguimos trabajando en esas conversaciones y quehaceres.
– Si las conversaciones y quehaceres están maduras, avanzamos un paso más de acuerdo a un diseño o acción natural de trabajo en red.
– Si las conversaciones y quehaceres no están avanzando en el diseño deseado, damos un paso hacia atrás para rediseñar el trabajo en red.

Sistemas de aprendizaje

Existen dos momentos del CLEHES donde aprende y acciona: Sistema de Aprendizaje Modo 1 (SA1) y Modo 2 (SA2):

– En SA1 o Modo 1: a veces nos percatamos (en silencio) que algo nos pasa ante una situación problema (incluso sabemos cual es la solución o camino a seguir), pero nos hacemos los desentendidos sin generar acción. Es decir, no hago nada porque no me conviene, es más estable, es más rico estar en la zona de confort o ser víctima, etc. En resumen, me hago el desentendido conmigo mismo ante dicha situación. Por ejemplo, ante un problema no hago nada.

– En SA2 o Modo 2: nos damos cuenta que hemos operado en modo 1 durante mucho tiempo ante una situación problema, pero esta vez cuestionamos nuestro quehacer e innovamos desde la conversación y práctica cultural para cambiar la situación. Es decir, se cuestiona la operación en la red, lo que permite resolver situaciones o problemas individuales, de equipos u organizacionales. En resumen, somos capaces de cambiar nuestras acciones para cambiar las estructuras. Por ejemplo, movilizamos acciones distintas para dar un giro en180°.

La diferencia entre SA1 (Modo 1) y SA2 (Modo 2) es el espacio de innovación para modificar, en la acción, nuestro CLEHES desde una nueva posición corporal de aprendizaje, cambiando la identidad y microidentidad.

C

Cuerpo

L

Lenguaje

E

Emociones

H

Historia

E

Eros

S

Silencio

Observador

Enacción

Sistemas de Aprendizaje
(SA o HW)

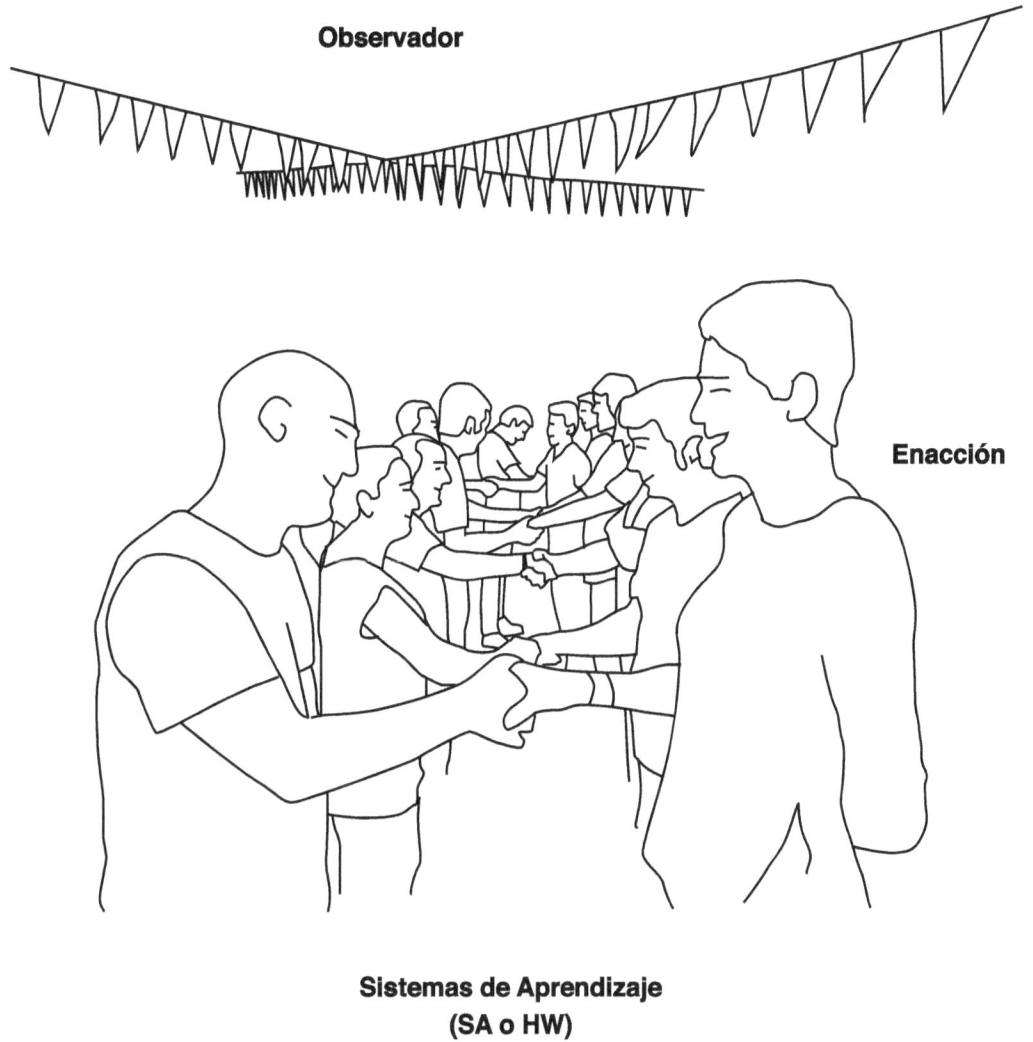

Nota: En general, hablaremos de CLEHES para aludir al ser humano o de los CLEHES para referirnos a las personas o actores del sistema, entendiendo que el CLEHES es una herramienta ontológica que nos permite diseñar, desde nuestro observador, el trabajo en red colaborativo. También hablaremos de nodos en las redes como las células de CLEHES o seres humanos que se conectan.

CAPÍTULO 6. REDES Y COMUNIDADES

Existe una diferencia entre lo que entendemos por redes y comunidades.

¿Qué son las Redes?

Las redes se definen como sistemas de actividad humana. Asimismo, las redes son acoples de conversaciones[24] entre los actores o CLEHES, entendiendo que el entrelazado entre el lenguaje y las emociones genera mundos a partir del diálogo y la conversación.

Dichas redes de diálogos y conversaciones forman los sistemas de actividad humana, donde el habla y la escucha producen conexiones de ida y vuelta entre nodos humanos. Estas conversaciones no tendrían cabida en las redes si no fuera por las propias historias de los seres humanos. Es a partir de la reflexión de esas historias que podemos generar identidad y microidentidades en las redes. En ocasiones las redes sólo fluyen (se enredan) y en otras tienen más diseñada su dirección (se tejen).

Por último, esos acoples no podrían realizarse sin la capacidad de seducción y amor. En definitiva, los lazos invisibles resultan de la conversación y convergencia de los nodos (como un poderoso pegamento social). Las redes se desarrollan desde la escucha y el habla en el Eros. Las conversaciones de una red deben ser seductoras para generar acciones.

Al ser las redes un sistema en sí (a su vez forma parte de un gran sistema -"el todo es más que la suma de las partes") no tiene mucho sentido para la humanidad funcionar en códigos individuales. Por naturaleza las redes están conformadas por cuerpos conversacionales (emociones + lenguaje) y en consecuencia la red es una sola y se caracteriza por no tener límites[25].

Cuando hablamos de redes, estamos hablando de una organización con muchas personas en un territorio (una ciudad entera o de 7.000 millones de habitantes). Entre todos nos conectamos y conversamos. Las redes no tienen límites y, por ende, existirán hasta donde lleguen las conversaciones.

La red es un gran sistema y nos movemos en distintos espacios de acuerdo a los intereses temáticos de la conversación. Estos espacios pueden ser contextualizados como un ecosistema en donde conviven distintos CLEHES con sus respectivas conversaciones. Los principales dominios[26] o espacios donde nos movemos son: familiares, laborales-empresariales o de negocios y sociales de amistad. De esta forma, discurrimos entre conversaciones de carácter familiar, laboral y de amistad en términos simples. En el día a día nos podemos mover desde el espacio familiar (hogar) pasando por nuestro trabajo (oficina o fábrica) hasta las amistades (club, bar, café, biblioteca, etc.).

Tejer redes y trabajar en red

Sonia Abadi en su libro "Pensamiento en red"[27] nos indica que tejer redes es:

"Algo así como instalar el cableado por donde circulará la comunicación. A partir de allí, los variados contenidos que se quieran conectar fluirán sin obstáculos. Cuando estamos en Red,

---

24. Consultar glosario y webgrafía: Conversaciones.
25. Consultar glosario y webgrafía: Historia de las redes.
26. Consultar glosario y webgrafía: Dominios.
27. Consultar glosario y webgrafía: Libro Pensamiento en Red.

"Trabajar en red es tejer conversaciones de seres humanos (entrelazar lenguaje y emociones desde la seducción)"

nos disponemos a reconocer a los otros como potenciales fuentes de inspiración, en lugar de percibirlos como estorbos o competidores"

"Cuando somos capaces de percibir en Red, comenzamos a andar por el mundo como Juan por su casa, pertenecemos al universo, a la gran Red, y el universo nos pertenece. Nos liberamos del peso de las estructuras formales, ya que somos capaces de recrear las condiciones para generar ideas en cualquier lugar y momento. Un lugar de paso, un aeropuerto, una sala de espera, la mesa de un bar son suficientes para instalar un taller improvisado en donde ponerse

a crear. En esos momentos descubrimos que la mayor parte de lo que necesitamos lo llevamos "puesto", y que lo que nos puede hacer falta está disponible a nuestro alrededor. El funcionamiento en Red nos permite sincronizar los recursos propios y prestados, generando la colaboración creativa y la restauración de las redes organizacionales y sociales"

Trabajar en red es tejer conversaciones (entrelazar lenguaje y emociones desde la seducción) de seres humanos o CLEHES y donde el Eros es el punto para tejer (disponiendo un nodo junto a otro).

Redes presenciales, virtuales e híbridas

Las redes, como sistemas de actividad humana, utilizan diversas herramientas que dispone la tecnología de la comunicación. Por ello, las conversaciones se dan de manera presencial o virtual e incluso en ambos formatos (un híbrido entre lo presencial y virtual).

Las personas o CLEHES en una red conviven en distintos ámbitos espaciales: presenciales y/o virtuales y se mueven entre distintos dominios. Es habitual que hoy estemos en una plaza o restaurante junto a nuestras amistades y a la vez conectados virtualmente con otras personas a través de "teléfonos inteligentes" u otros dispositivos tecnológicos sociales. De esta forma, mantenemos multiconversaciones en un mismo instante y, con ello, practicamos la "multipertenencia"[28].

¿Red física o digital? No existe contraposición entre redes presenciales y virtuales, ya que ambas coexisten, brindando espacios presenciales y virtuales para que las personas se relacionen según las necesidades.

28. Consultar glosario y webgrafía:
Concepto acuñado por @UrbanoHumano.

¿Qué es una comunidad?

Una comunidad[29] es un segmento de la red. Y a diferencia de la red, que no tiene límites, la comunidad se caracteriza por tenerlos. Redes y comunidades comparten características comunes y a su vez guardan algunas diferencias.

En general, la red es más amplia y la comunidad es el segmento de una red donde las personas se unen en conversaciones comunes (propósitos) para llevar sus voluntades a la acción. Las comunidades son estructuras más concretas al momento de tomar acción en red. Una Comunidad la podemos definir como un sistema de personas que se reconocen entre sí y que se juntan en torno a un propósito, ideales y metas. La fraternidad es la fuente que les da cohesión para tomar acción en torno a iniciativas en espacios presenciales, virtuales o híbridos.

Una comunidad puede ser cualquier organización, equipo o núcleo de emprendedores, bajo un carácter social (la familia), con fines de lucro (empresa) o sin fines de lucro (grupo de acción social o un colectivo cultural), salud (hospital), entre muchas otras.

Fraternidad en la comunidad

En una comunidad la fraternidad se relaciona con el eros o amor y la capacidad de seducirnos. Si nos vamos a las raíces biológicas del amor de H. Maturana y F. Varela[30], el amor (fraternidad) es "la aceptación del otro u otra tal cual es él o élla, sin condiciones

(o la aceptación de uno mismo)". Si por ejemplo, dentro de una comunidad existen dos personas que se confrontan y se toleran poco, éstas estarán propensas a generar islas dentro de la organización. Por tal razón, es fundamental saber mantener las habilidades sociales, pues la pérdida de fraternidad afecta directamente la productividad e inclusive la capacidad de cambiar el mundo.

Propósito en la comunidad

En una comunidad se comparten contenidos o intereses comunes en torno al propósito que definen los ámbitos de acción de las personas, en espacios de convivencia social, intercambio de conocimiento y generación de valor de uso. Todo sucede si nosotros, las personas y participantes de una comunidad, tomamos acción en torno al propósito.

Una comunidad está definida en el tejido de conversaciones que se establecen en esa comunidad. Más aún, esas conversaciones se establecen en torno al propósito. En la medida que el propósito aumente su complejidad, crece, también, la burocracia de la comunidad.

Actores de la comunidad

Por otro lado, una comunidad está determinada por un número acotado de personas, las cuales son reconocidas por los miembros o nodos de la red. Se dice que una comunidad es una organización orientada a la acción cuando las personas de la misma se conocen y

mantienen la fraternidad en un estado de permanente movimiento y armonía. Por ende, los hilos de la comunidad están continuamente comunicados.

Si imaginamos la comunidad como una verdadera fauna, podemos caracterizar a los actores que se encuentran y conviven en ella como polinizadores, Articuladores, líderes, participantes activos (trabajadores o ejecutores), pasivos (estrategas o reflexivos) y cuidadores/astutos. Cada actor puede caracterizarse por alguno de estos conceptos, sin embargo la mayoría es una mezcla. Más adelante, detallaremos estos roles.

Lo importante, ahora, es saber que en una red, ningún ser humano es igual a otro y que conforme a nuestra multipertenencia, en el espacio en que nos hallemos, también asumiremos distintos roles.

---

29. Consultar glosario y webgrafía: Comunidad.
30. Consultar glosario y webgrafía: Amor.

Una Comunidad se caracteriza por un número acotado de personas reconocidas entre sí, que se juntan en torno a un propósito y donde la fraternidad les da cohesión.

CAPÍTULO 7. TECNOLOGÍAS SOCIALES, FILTROS Y AMPLIFICADORES DE SISTEMAS

Las tecnologías sociales son aquellos canales que nos permiten conectar el trabajo en red de la comunidad. En general, las tecnologías sociales[31] se definen como cualquier artilugio presencial o virtual que permite a los miembros de una comunidad gestionar las complejidades conversacionales.

Complejidad en los sistemas

Por ejemplo, cuando una persona se conecta con una comunidad local (equipo de emprendedores o pequeña organización) se mezclan dos sistemas con complejidades distintas. Del mismo modo, cuando una comunidad local se enfrenta a una comunidad global (ciudad o gran organización) se producen desbalances de complejidades.

Cuando hablamos de variedad o complejidad nos referimos al número de estados presentes en un sistema o, en nuestro caso, en una comunidad. Por ejemplo:

– Si quien articula es una persona, presentará una complejidad de uno.
– Si una comunidad local o grupo de trabajo en una empresa tiene cinco personas, tendrá una complejidad de cinco.
– Si una comunidad global, como una empresa, tiene 1.622 trabajadores, tendrá entonces una complejidad de 1.622.

Si el Articulador es el coordinador o gerente de la empresa, el grupo de cinco sería el área de producción y los otros 1.622 trabajadores serían los vendedores, contables, técnicos, etc. La pregunta es ¿Cómo interactúan estos tres sistemas para que se tejan y enreden? La respuesta es fácil y compleja a la vez. Necesitaremos de filtros y amplificadores para dar cuenta de una ley que permita equilibrar el mundo de los sistemas.

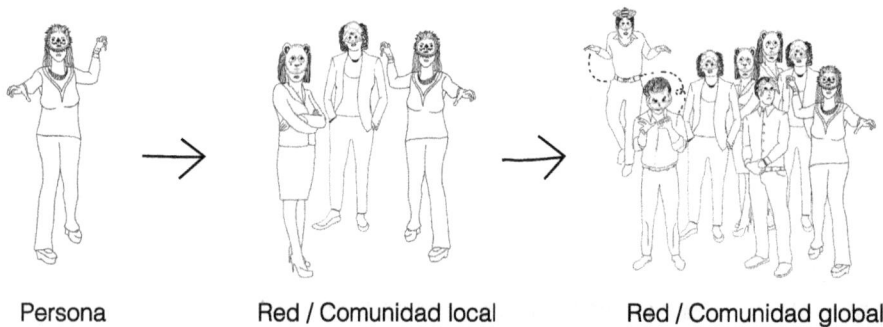

Persona   Red / Comunidad local   Red / Comunidad global

− VARIEDAD +

31. Consultar glosario y webgrafía: Tecnologías Sociales.

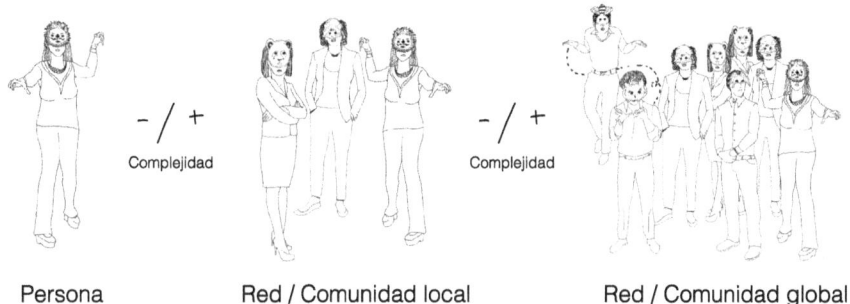

Persona   Red / Comunidad local   Red / Comunidad global

VARIEDAD / COMPLEJIDAD +

Tecnologías sociales: filtros y amplificadores - variedad absorbe variedad

La ley de variedad de Ashby[32] dice "sólo la variedad absorbe la variedad" o interpretada de otra manera: dos sistemas de actividad humana o redes, tenderán a igualar sus capacidades de complejidad para poder convivir y ser viables en el tiempo. De esta forma, para que dos sistemas se absorban es necesario incluir tecnologías sociales que actúen como filtros y amplificadores de los sistemas que se conectan.

Las tecnologías sociales pueden ser presenciales (físicas) y virtuales (digitales). También podemos tener, con señalamos anteriormente, combinaciones híbridas, es decir, cuando empleamos tecnologías sociales presenciales y virtuales. Por ejemplo, el Articulador podría utilizar Facebook para comunicarse con los 1.622 trabajadores de la empresa y a la vez emplear una oficina, con una mesa circular, para trabajar con el grupo de cinco personas.

La empresa de 1.622 trabajadores se enfrenta, por cierto, al mercado en donde existen complejidades desbalanceadas dada la cantidad de agentes que la conforman. Por ello, si la empresa (menor complejidad) y el mercado (alta complicación) no son capaces de diseñar y ocupar las tecnologías sociales adecuadas, se producirá un fuerte desequilibrio, impidiendo a la empresa

invitar, motivar y cautivar clientela en virtud de los productos y servicios que ofrece.

Por ejemplo, para escuchar e interactuar con el mercado podemos hacer uso de encuestas y estudios de mercado (filtros), planes y acciones de marketing (amplificadores), etc. En otras palabras, la sostenibilidad de una comunidad es muy compleja y depende de las habilidades del Articulador (también de otros roles: líderes, trabajadores, estrategas, astutos, polinizadores) para mantener en funcionamiento el sistema. Por ello, la sostenibilidad, es un arte en sí.

La principal tecnología social que tenemos incorporada las personas, en nuestro sistema biológico, es el CLEHES. Éste nos permite filtrar y amplificar nuestras propias complejidades a la hora de interactuar con otras personas o comunidades.

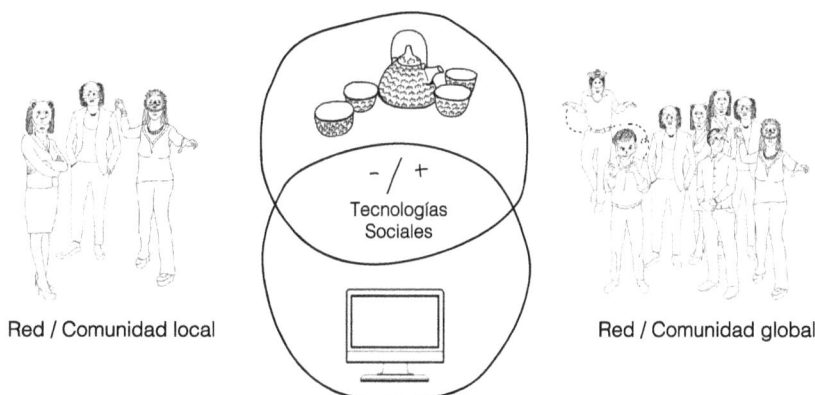

Red / Comunidad local   Tecnologías Sociales   Red / Comunidad global

"las tecnologías sociales permiten a los miembros de una comunidad gestionar las complejidades conversacionales, de esta forma actúan como filtros y amplificadores de los sistemas que se conectan"

---

32. Consultar glosario y webgrafía:
Ley de la Variedad Requerida de Ashby.

CAPÍTULO 8. TOPOLOGÍAS Y GEOMETRÍAS EN LAS REDES

Para poder dibujar y entender más adelante cómo se establecen las estructuras de redes en las organizaciones -desde las jerárquicas (individualistas) hasta las horizontales (colaborativas)- es necesario revisar los conceptos de las topologías y geometrías. Las topologías se relacionan con las formas que pueden tomar las redes y las geometrías con las conversaciones que se dan en la comunidad.

Topologías de redes: centralizadas, descentralizadas y distribuidas

Existen tres estructuras topológicas[33] de redes: las centralizadas, descentralizadas y distribuidas. Estas conviven en los espacios presenciales (físicos) y virtuales (digitales).

– Red centralizada: todos los nodos (menos uno) son periféricos y sólo pueden comunicarse a través del nodo central. La caída del nodo central priva el flujo de información e interacción a todos los demás nodos.

– Red descentralizada: surge por la interconexión de los nodos centrales de varias redes centralizadas. No existe un único nodo central, sino un centro

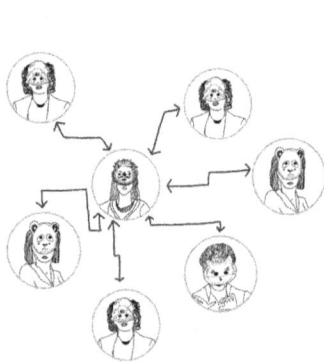

Centralizadas

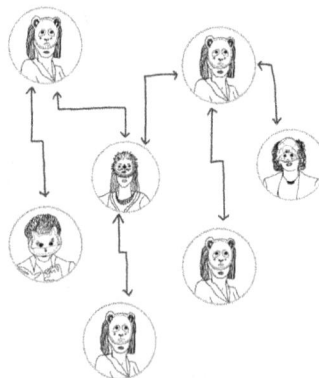

Descentralizadas

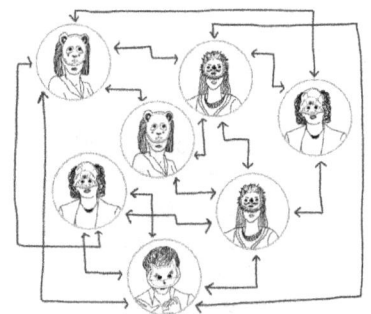

Distribuidas

---

33. Consultar glosario y webgrafía: Topologías de Red.

colectivo de conectores. La caída de uno de los nodos centralizadores, conlleva a la desconexión de uno o más nodos del conjunto de la red.

– Red distribuida: todos los nodos se conectan entre sí, sin pasar necesariamente por uno o varios centros. Desaparece la división centro/periferia y, por tanto, el poder de filtro sobre la información de la red. La red es sólida ante la caída de nodos: ningún nodo al ser extraído genera desconexión.

Cuanto más distribuida resulte ser una red, más resistente, flexible e independiente será. Por el contrario, cuanto más centralizada sea, más debilidades, rigidez y dependencia habrá. Si un nodo central se cae en una red centralizada, comprometerá a todos los nodos de dicha red en su estructura y relaciones.

En un sistema de actividad humana semicentralizado el efecto anterior tendrá menos impacto en la estabilidad

y viabilidad de la red. Las redes virtuales contribuyen a que los sistemas de actividad humana sean más distribuidos en sus procesos de relación y flujo de información.

En una red distribuida, el concepto de resiliencia[34] (relativo a una red social) se podría observar como: "capacidad de la red para mantener una interacción viva ante cambios de estructura o pérdida de nodos".

Geometrías en las conversaciones de la comunidad: multilinealidad, circularidad y triangulaciones

Cuando se desarrollan comunidades conversacionales[35] (pudiendo ser una empresa y sus emprendedores) las estructuras geométricas pueden ser multilineales, circulares y triangulares, tanto al interior de la organización como al exterior.

– La multilinealidad: se refiere a la capacidad de observación de los

individuos (entre sus pares) durante una conversación. Lo anterior permite escuchar con atención y hablar con intención.

– La circularidad: se relaciona con la capacidad de aceptación. Genera espacios de armonía para que las personas literalmente circulen.

– La triangularidad: es el Eros y la Seducción o la capacidad de amor y fraternidad que ponemos entre un vértice o nodo con otros, permitiendo que las personas se muevan con libertad e igualdad en una organización a través de la fraternidad.

Por ejemplo, al interior del círculo de una organización empresarial (todos se observan) se conectan triangularmente entre la totalidad de quienes trabajan

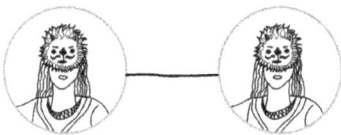

Multilinealidad

Circularidad

Triangularidad

34. Consultar glosario y webgrafía: Resiliencia.
35. Consultar glosario y webgrafía: Sympoetic.

directamente en desarrollar productos y/o servicios. De igual forma, al exterior de una empresa u organización, hablaremos de la clientela que gira en torno a esos productos y servicios.

Siempre tendremos un mundo intermedio entre el exterior e interior. En el caso de la empresa, es la clientela y proveeduría quienes colaboran activamente en el desarrollo de los productos y servicios, generando altos espacios de confianza.

El límite más externo de la comunidad es la frontera entre la red y la organización, o equipos de trabajo. De esta forma, hay personas que entran a la comunidad y otras que salen.

CIRCULAR

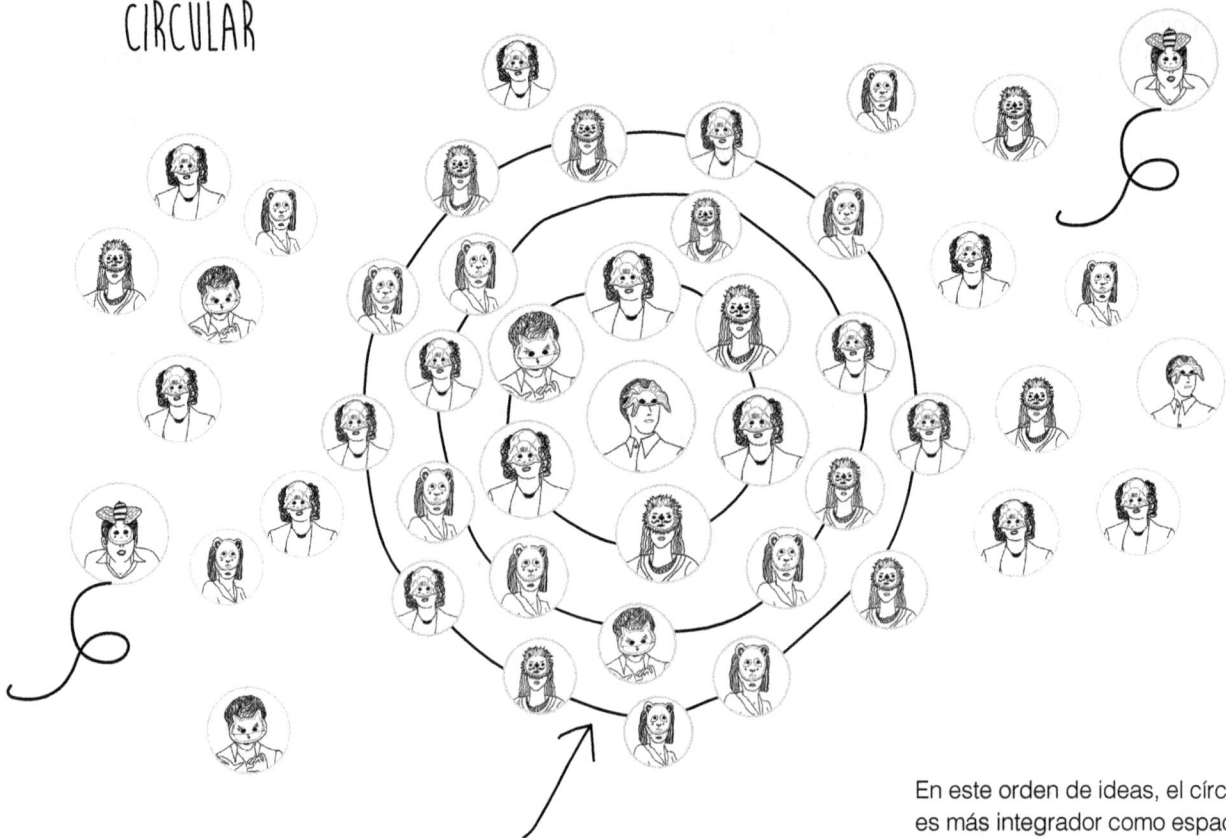

En el límite interior está la Comunidad y en el límite exterior la Red

En este orden de ideas, el círculo es más integrador como espacio de igualdad y fraternidad. Si bien el triángulo nos conecta y permite generar los compromisos conversacionales en torno a la acción, tendemos a quitarle su capacidad de circularidad generando relaciones piramidales. En consecuencia, las comunidades toman las típicas estructuras de organigramas.

Lo importante para los procesos colaborativos es recuperar la capacidad de circularidad dentro de las comunidades, tratando de monitorear y regular la falta de comunicación, ya que (en el mediano plazo) puede generar islas de grupos dentro de la misma organización. Esas islas de conversaciones organizacionales o de equipos se generan por la pérdida del Eros o por la ausencia de fraternidad y seducción.

Relación entre topologías y geometrías en las estructuras de redes y comunidades

Si tomamos los lazos triangulares que se desarrollan conversacionalmente o multilinealmente, podremos centralizar, descentralizar o distribuir esas conversaciones. Será el Articulador quien promueva esas relaciones entre geometrías y topologías.

Podríamos tener los siguientes casos:

– Si se producen conversaciones triangulares fraternales dentro de un círculo (con un propósito claro) se tenderá a generar procesos distribuidos de trabajo en red. Ejemplo: un grupo de trabajo que elabora un documento compartido en internet.

– Si existen conversaciones triangulares fraternales dentro de un círculo con propósitos múltiples, se tenderá a generar procesos descentralizados de trabajo para fortalecer la red en distintos segmentos de la comunidad, generando subcomunidades en la que se desarrollarán conversaciones más focalizadas en propósitos particulares, pero que a su vez contribuirán a la consecución del propósito global. Ejemplo: el organigrama clásico de una empresa o equipos de trabajo autogestionados.

– Si se generan conversaciones triangulares no fraternales dentro del círculo y además el propósito tiende a perderse en las conversaciones, se suscitarán procesos de centralización para ordenar las conversaciones de la comunidad. Ejemplo: el juez que decide el devenir de una familia que está en proceso de separación.

En resumen, pasaremos de la centralización a la descentralización en la medida que la fraternidad se establezca en las conversaciones de triangulación con un propósito que se clarifica o focaliza en el tiempo. Si, además, integramos procesos virtuales, podemos tender a distribuir en caso de que las conversaciones triangulares contengan altos grados de fraternidad, concentren la energía en un propósito claro y focalizado en el círculo.

PIRAMIDAL

CAPÍTULO 9. EL ARTICULADOR TEJEREDES – ¿CÓMO TEJER REDES DE SERES HUMANOS?

A continuación presentamos al Articulador como un un tejedor de conversaciones colaborativas entre seres humanos o personas.

Articular: relación de tejer y enredar

Definición de tejer[36]: formar en el telar un tejido con la trama y la urdimbre.

Definición de enredar[37]: enlazar, entretejer, enmarañar una cosa con otra. Acciones que tienen un significado parecido, pero distinto.

Tejer implica que el Articulador diseña y entrelaza a su propio observador de artista y arquitecto con los seres humanos que se encuentran en un espacio definido, implementando tecnologías sociales que permiten desarrollar acciones para movilizar a la comunidad.

Enredar es la acción que se produce después de tejer. Es el arte y la arquitectura puesta al servicio de la comunidad para que viva y se movilice.

En resumen, se enreda cuando las acciones se conjugan sin la presencia sistemática del Articulador y gracias a la propia capacidad de la tecnología social para sostener el proceso del sistema y la comunidad. Lo anterior no implica que el "enredo" resulte siempre positivo y en consonancia con los objetivos. Algunas veces el enredo puede ser fatídico para la comunidad si no se regula y monitorea bajo la mirada del Articulador.

Networking o trabajo en red

Desarrollar *networking* o trabajar en red es la manera en la que el Articulador teje y enreda los movimientos y conversaciones de las personas o CLEHES de la comunidad. El Articulador está todo el tiempo gestionando conversaciones a través de los CLEHES, aplicando los tres conceptos desarrollados anteriormente: observador, enacción y SA1 y SA2.

Primero, observa en los cuatro niveles los CLEHES:
– Se auto-observa en las conversaciones que tiene con su propio CLEHES.
– Observa, habla, escucha y establece conversaciones entre su CLEHES y otro CLEHES.
– Observa las conversaciones de una red de CLEHES.

– Tiene una gran capacidad de intuición para percibir lo que sucede en la red o comunidad.

Segundo, gestionar desde la enacción tres posibles situaciones en la organización:
– Si las conversaciones y quehaceres de la organización o CLEHES aún no están maduras para avanzar, entonces nos quedamos trabajando en aquello.
– Si las conversaciones y quehaceres están maduros, avanzamos un paso más de acuerdo a un diseño o acción natural de trabajo en red.
– Si las conversaciones y quehaceres no están maduros, damos un paso hacia atrás para rediseñar el trabajo en red.

Tercero, identificar dos escenarios de gestión en SA1 y SA2:
– En SA1 identificamos, desde nuestro CLEHES y desde los acoples de otros CLEHES, las situaciones problemas que nos constriñen o molestan, pero no hacemos nada para cambiarlas.
– En SA2 operamos y accionamos sobre esas situaciones problemas que nos afectan, ya que nos damos cuenta que si persisten, afectarán negativamente el funcionamiento del tejido conversacional en el cual estamos involucrados.

Es importante aclarar que trabajar en red es el nombre genérico para identificar el proceso de articulación de una comunidad, ya que el trabajo en red contiene todas las características de las redes, pero focalizadas en la comunidad.

---

36. Consultar glosario y webgrafía: Tejer.
37. Consultar glosario y webgrafía: Enredar.

Articulando redes humanas

Un Articulador debe ser un observador constante de CLEHES individuales y colectivos. No basta sólo con observar Cuerpos y entender Lenguajes. Debe tener la capacidad de saber leer y entrar en las Emociones, escuchar Historias y percibir las reflexiones que cruzan en el Silencio de los seres humanos que conforman una comunidad en red.

Existen ocasiones en las que el Articulador debe activar más sus capacidades artísticas (en cuanto a las conexiones sociales) y, otras veces, equilibrar los movimientos de la red a las lecturas que emergen desde el cruce conceptual y metodológico en que transita la comunidad (que asociamos a las capacidades arquitectónicas). Por ejemplo, si una comunidad se encuentra con el ánimo bajo, se deben activar desde un punto de vista artístico las capacidades para subir el estado anímico. Lo anterior, debe hacerse de acuerdo al propósito central de la comunidad.

Desde un punto de vista arquitectónico, es necesario observar el movimiento de los CLEHES, pero teniendo lecturas finas de lo que sucede y atender las interacciones en el observador. Dicho de otra manera, nuestros sentidos deben estar en conexión, cruzando nuestras sensibilidades sociales y la capacidad de leer qué sucede a nivel conceptual y metodológico dentro de la red.

El uso del Eros como una herramienta que alimenta la parte artística del Articulador y, por ende, moviliza la fraternidad, debe estar en constante movimiento, escuchando, hablando e interactuando desde el amor

y la seducción. A veces, no es fácil tejer desde el Eros en situaciones de estrés o crisis. En ciertas circunstancias, los quiebres se producen necesariamente para limpiar energías, acciones o discusiones que se han producido en la comunidad.

La comunidad en sí, es un cúmulo de acciones y emociones (algunas veces de felicidad y en otras de dolor). Los quiebres a veces resultan oportunos para que la red de la comunidad se rearticule y reacomode. Nada es estático y menos si estamos articulando a seres humanos. Así como el Articulador teje el equilibrio de la red, en ocasiones deberá tensionar y, en otras, relajar la red en la comunidad. Incluso, deberá cortar ciertos nodos que estén mal acomodados en la red.

Tejer es un arte que promueve el trabajo en red colaborativo. La máxima expresión de un Articulador es, justamente, cuando no está y su invisibilidad logra que mágicamente la comunidad se articule por su propia sinergia, es decir, se enreda con base en ciertas arquitecturas que ya están funcionando y en relaciones sociales que se acoplan entre el Eros de un CLEHES y otro.

Articulando identidades y la cultura de una comunidad

El Articulador mueve una comunidad en torno a un propósito y esa comunidad desarrolla una identidad como tal. La identidad se define y se desarrolla en la propia historia de los tejidos y enredos de las personas de la comunidad. La identidad se transforma a partir de las acciones ejecutadas y permiten que la comunidad madure, siendo esta identidad

una declaración que nace del tejido social interno y externo.

La cultura estará estrechamente ligada a las identidades y microidentidades de cada miembro de la comunidad, es decir, a la historia individual y colectiva de los CLEHES de la comunidad. Esta cultura se fortalecerá e instalará en la medida en que las personas mantengan un ritmo conversacional. La cultura de la comunidad podrá variar en la medida que cambien las conversaciones de los miembros. Esos cambios se generan cuando se modifican las tecnologías sociales, el propósito muta, ingresan nuevos seres humanos, se realiza un cambio estructural, etc.

En general, la cultura de una comunidad está directamente relacionada con las acciones que se generan al interior de ella, producto del tejido de conversaciones en torno al propósito. Es importante destacar que la generación y reconocimiento de esa cultura es propia de los seres humanos o CLEHES que forman parte de la comunidad.

Por lo tanto, si los CLEHES cambian, es posible que las comunidades muten y/o emerjan, desarrollándose, por tanto, culturas a partir de otras.

"Tejer es un arte que promueve el trabajo en red colaborativo"

tejeRedes

SECCIÓN 3

METODOLOGÍA PARA INICIAR EL TRABAJO EN RED COLABORATIVO

CAPÍTULO 10. CULTURA Y METODOLOGÍA TEJEREDES

CAÓRDICO

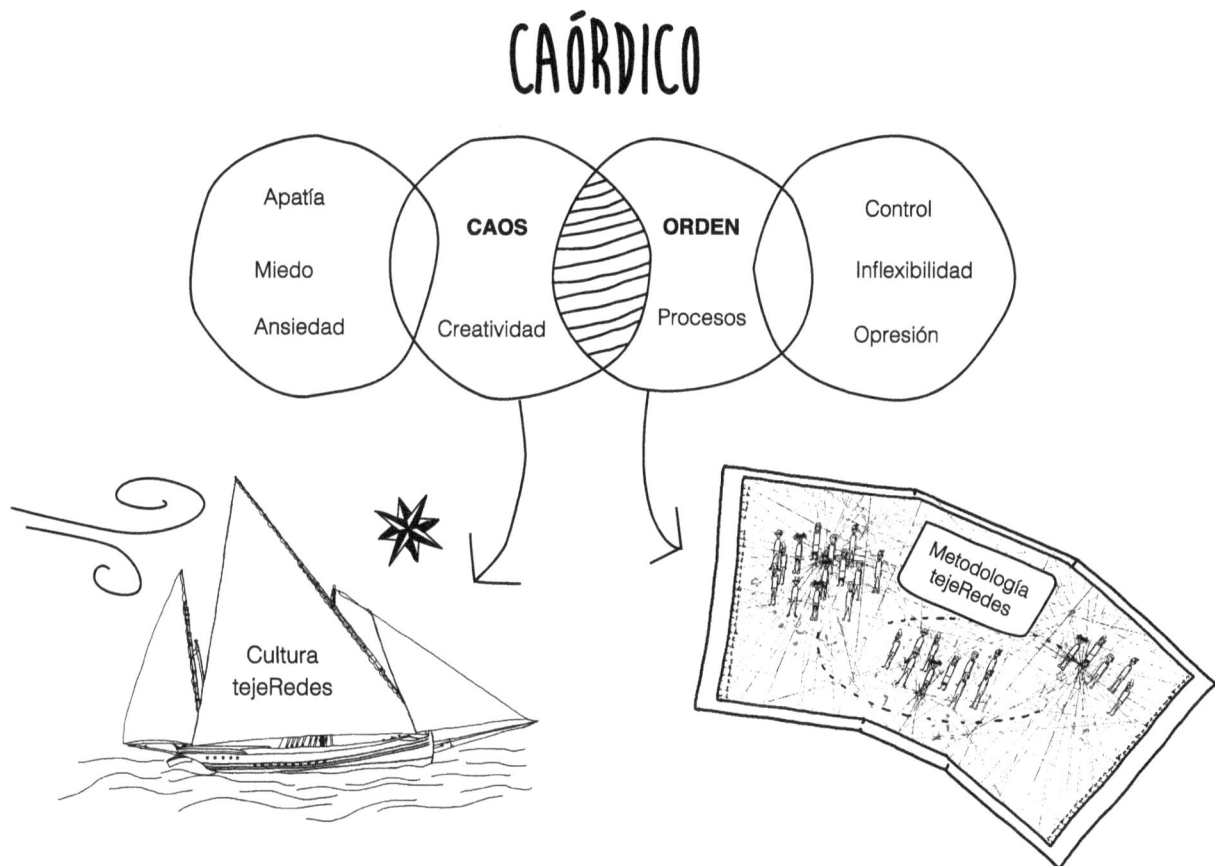

Apatía

Miedo

Ansiedad

CAOS

Creatividad

ORDEN

Procesos

Control

Inflexibilidad

Opresión

Cultura
tejeRedes

Metodología
tejeRedes

Desarrollar redes es un arte y, como todo arte, requiere una cultura y una metodología para que las comunidades tomen forma y sean sostenibles en el tiempo. Lo anterior, puede ocurrir en cualquier comunidad o estructura social que tenga un propósito: centro vecinal, cultural, una empresa y hasta en la administración de un gobierno.

Caos y orden para el trabajo en red - Proceso caórdico

Las palabras caos y orden nos llevan a explorar el concepto del proceso caórdico[38]. Lo anterior, implica que toda acción (como el trabajo en red) puede transitar entre el caos y el orden. Si nos vamos muy a la derecha (ver figura), estableciendo muchas reglas y control sobre un proceso, encontraremos que las acciones serán difíciles de llevar adelante por la extrema rigidez o la falta de flexibilidad. Si nos posicionamos muy a la izquierda, sin definir los puntos mínimos que requiere la acción, generaremos apatía e incertidumbre o simplemente destrucción.

---

38. Consultar glosario y webgrafía: Proceso Caórdico.

El concepto caórdico es aplicable al trabajo en red y a las acciones que movilizamos para que las colaboraciones emerjan en las comunidades (desde espacios de creatividad, fraternidad, etc.) así como en las acciones definidas en procesos metodológicos para el trabajo en red.

En definitiva, el caos fomenta una cultura colaborativa que llamaremos "cultura tejeRedes" y que, además, promueve el lado artístico del Articulador. Y en el orden está el diseño e implementación de procesos a través de la "metodología tejeRedes" que impulsa el lado arquitectónico del Articulador.

Las leyes de movimiento de las redes

Las leyes de movimiento de las redes son normas que existen de manera natural. El movimiento de las redes es provocado por una energía invisible que permite que, la colaboración que establecemos en un momento determinado, se devuelva posteriormente en forma de colaboración. Es decir, como un bumerán o como la fuerza natural que nos empuja para avanzar en la vida sin que necesariamente existan explicaciones lineales.

En definitiva, la colaboración genera que los espacios de fraternidad se multipliquen, especialmente cuando se focaliza en el propósito de una comunidad.

Cultura tejeRedes

La cultura tejeRedes es la tierra y el abono que debe tener el trabajo en red para que

Leyes de movimiento de las redes: Colaboración

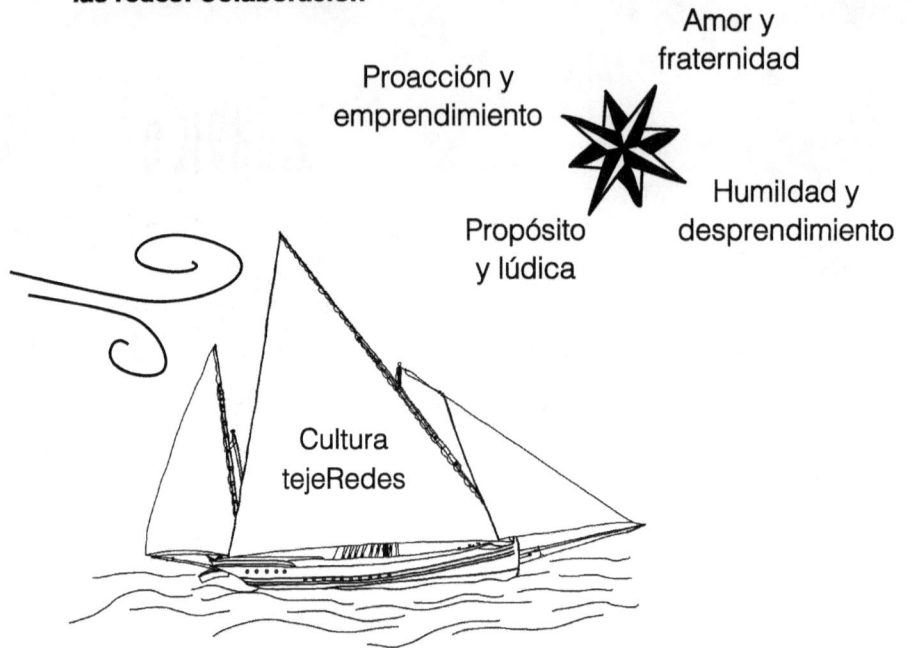

Proacción y emprendimiento

Amor y fraternidad

Propósito y lúdica

Humildad y desprendimiento

Cultura tejeRedes

CULTURA COLABORATIVA

la colaboración resulte. Hablamos de una cultura colaborativa donde se comparte y se establecen conexiones de fraternidad. Es preciso entender, también, que la cultura colaborativa funciona desde los procesos caórdicos.

La cultura tejeRedes se entiende como un barco que navega por las aguas de las conexiones humanas. Una característica especial de este barco, es que las velas son infladas por el viento de las leyes del movimiento de las redes. En la medida que el Articulador y los participantes de la comunidad del barco levantan velas,

la navegación toma rumbo sin mediar esfuerzos físicos o mandatos de terceros.

En una cultura tradicional y con bases taylorianas, las velas son reemplazadas por los remos: los participantes de la comunidad mueven el barco con su esfuerzo físico y el Articulador y/o líder marca el paso (uno, dos y tres, gritando: "remen más fuerte" y marcando el rumbo). Cuando un participante se cansa y se baja del barco, el Articulador debe buscar un reemplazante u ofrecer más zanahorias o garrotes según las normas administrativas.

En la cultura colaborativa, el barco avanza gracias a cuatro ejes que hacen que las leyes de las redes generan movimiento:

– En la proa (parte delantera del barco) siempre debe estar la fraternidad (Eros y amor) como punta de lanza, ya que genera que las personas o CLEHES se conecten, acoplen y cohesionen. Como señalamos anteriormente, el Eros es el pegamento en las redes. Sin fraternidad la comunidad no existe.

En la popa (parte posterior del barco) el timón siempre debe estar en dirección al propósito. En caso de que se desvíe, el Articulador deberá monitorear y regular el movimiento y dirección. Además, dicho movimiento tiene que ser lúdico en torno al propósito. Si el trabajo en red no es entretenido, las personas terminarán aburriéndose y desembarcarán para irse a otra comunidad.

– En estribor (lado derecho del barco) nos encontramos con la proacción y emprendimiento, es decir, la capacidad de provocar que las cosas pasen para que otros también participen, pero no en la idea tradicional del emprendimiento 7X24 (7 días y 24 horas), sino en la lógica de empujar la primera pieza del dominó para que el resto de los participantes reaccionen.

– En babor (lado izquierdo del barco) la humildad y el desprendimiento son claves para mantener el equilibrio del estribor. Es importante dejar los egos fuera de la comunidad y entender que nada de lo que hacemos es aprovechable para el beneficio personal. El desprendimiento incluye asumir que todos sean partícipes y disfruten del bienestar y cooperación en torno al propósito.

Si las aguas del mar se agitan por las tormentas es necesario que estos cuatro ejes mantengan al barco en su línea de flote. En definitiva, las claves para que no naufrague el barco es la suma de la humildad y Proacción o emprendimiento + desprendimiento. Es imprescindible que el timón apunte al propósito de manera lúdica y que avance como resultado de la fraternidad y de las leyes del movimiento de las redes.

La cultura tejeRedes es clave para mantener esa colaboración. Los cuatro ejes anteriores, junto con las leyes de movimiento de las redes, no son un invento o descubrimiento nuevo, ya que vienen desde las religiones más tradicionales o de los procesos culturales de convivencia con la naturaleza.

La idea de llamarla cultura tejeRedes, se refiere a la posición y conversación que establece el Articulador y los participantes de la comunidad en torno a un propósito para trabajar en red colaborativamente.

Metodología tejeRedes

Como contrapartida al caos, es necesario establecer cierto orden o un proceso para que el trabajo en red colaborativo se pueda desarrollar a través de una metodología.

Para aplicar la metodología tejeRedes es necesario una persona, institución u organización articuladora, con características para promover, levantar redes, impulsar, incubar y acelerar nuevas organizaciones en red. Y, por otro lado, es necesaria la existencia de participantes: líderes (futuros Articuladores), participantes activos (trabajadores o ejecutores) y pasivos (estrategas o reflexivos), polinizadores y cuidadores/astutos.

La metodología tejeRedes contiene las siguientes características:

– Procesos para desarrollar redes colaborativas.
– Valor social (relaciones entre las personas); valor en el conocimiento (experiencia o saberes); y valor de uso (económico o cambio).
– Tecnologías sociales presenciales, virtuales e híbridas.
– "Articuladores" que promueven, levantan redes, impulsan, incuban y aceleran nuevas organizaciones en red.
– "Participantes" que están inmersos en redes y que generan nuevas organizaciones a través de comunidades u organizaciones.
– Niveles de confianza, creatividad, estructuras, tiempo.

La metodología establece una doble dualidad de procesos en su diseño e implementación. La primera, entre las etapas y, la segunda entre las redes presenciales y virtuales. El cruce establece los siguientes procesos:

Proceso I: Participación y levantamiento de la comunidad/proyecto.

Proceso II: Experimentación, co-construcción, impulso e incubación de la comunidad/proyecto.

Proceso III: Diseño, implementación y aceleración de la comunidad/proyecto.

Cada proceso anterior puede ser implementado en sectores productivos o sociales. Sólo es necesario adaptar los alcances de los objetivos según las etapas de los procesos y la mirada del Articulador. También es importante resaltar que no existe un proceso inicial y final. La metodología no es lineal, y, por ende, se puede iniciar en el proceso III, I o II. Lo importante, más que el orden, es que una comunidad pueda tener activado los tres procesos como características de un trabajo en red colaborativo.

Objetivos de los procesos de la metodología tejeRedes

Los objetivos para cada proceso tiene dos miradas: participantes y Articulador.

Para el **Proceso I**, "Participación y levantamiento de la comunidad/proyecto", los objetivos son:

– Desde la mirada de los participantes: establecer la búsqueda y selección de participantes, con base en intereses comunes para provocar el desarrollo de confianza.

METODOLOGÍA TEJEREDES

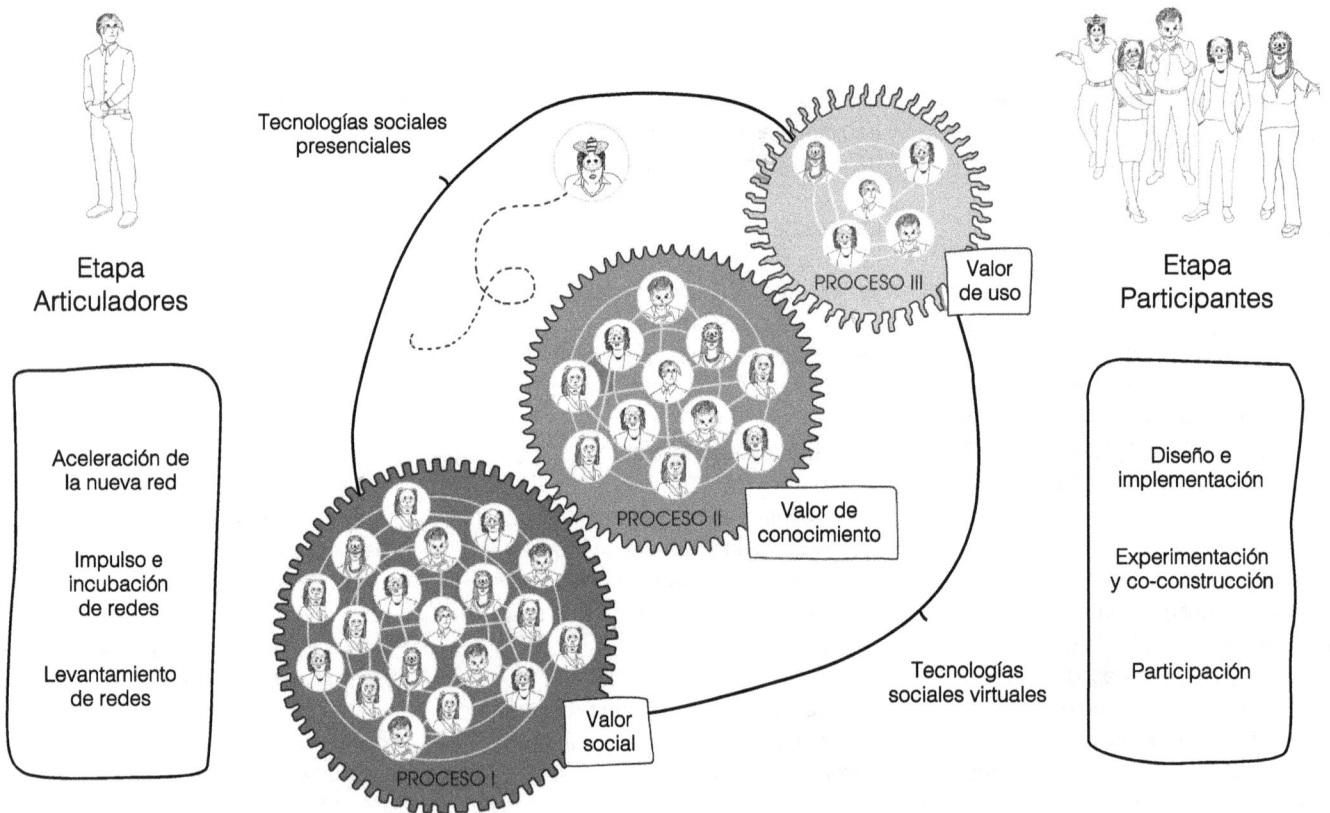

Etapa
Articuladores

Tecnologías sociales presenciales

PROCESO III

Valor
de uso

Etapa
Participantes

Aceleración de la nueva red

Impulso e incubación de redes

Levantamiento de redes

PROCESO II

Valor de conocimiento

PROCESO I

Valor social

Tecnologías sociales virtuales

Diseño e implementación

Experimentación y co-construcción

Participación

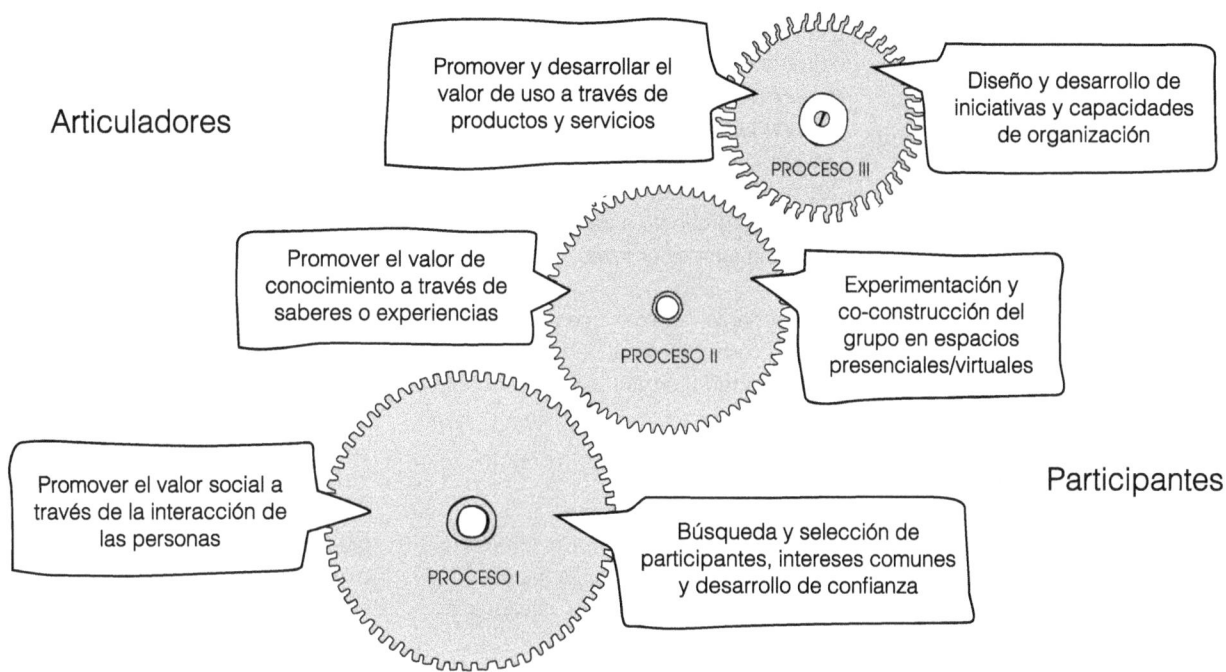

Articuladores

Promover y desarrollar el valor de uso a través de productos y servicios

PROCESO III

Diseño y desarrollo de iniciativas y capacidades de organización

Promover el valor de conocimiento a través de saberes o experiencias

PROCESO II

Experimentación y co-construcción del grupo en espacios presenciales/virtuales

Promover el valor social a través de la interacción de las personas

Participantes

PROCESO I

Búsqueda y selección de participantes, intereses comunes y desarrollo de confianza

– Desde la posición del Articuladora: promover y desarrollar el valor social a través de la interacción de las personas.

Para el **Proceso II**, denominado "Experimentación, co-construcción, impulso e incubación de la comunidad/proyecto" se esperan los siguientes objetivos:

– Desde los Participantes: la experimentación y co-construcción del grupo en espacios presenciales y virtuales para que la comunidad pueda participar, conocerse y acrecentar la confianza.
– Desde el Articulador: promover y desarrollar el valor de conocimiento a través de intercambios o experiencias entre participantes.

Para el **Proceso III**, "Diseño, implementación y aceleración de la comunidad/proyecto" se buscan los siguientes objetivos:

– Desde la relación de los participantes: diseño de iniciativas sostenibles a través de productos o servicios colaborativos con la comunidad y junto al territorio en donde interactúan. Y desarrollar las capacidades necesarias para la implementación y funcionamiento de la comunidad.
– Desde las preocupaciones del Articulador: se espera promover y desarrollar el valor de uso (económico o cambio) a través de productos y servicios.

Generación de valor en los procesos

Cada uno de los procesos presenta características que, en conjunto a los objetivos, permiten activar tres tipos de valores claves en los procesos de la metodología.

Proceso I: valor social, relaciones y participación

Sumar socialmente a las personas, utilizando herramientas y dinámicas que permitan cautivar para:
– Potenciar a los participantes en espacios de confianza social; y
– Filtrar a los participantes que buscan en las redes mecanismos para potenciar sus intereses individuales.

Proceso II: valor de conocimiento, saberes y experiencia

Promover acciones pilotos que vayan perfilando la identidad de la red en relación con los intereses que unen a los participantes para:
– Desarrollar acciones que permitan compartir conocimiento y experiencia en la comunidad; y
– Promover procesos de incubación de proyectos en función de los intereses que quieren desarrollar los participantes de la comunidad.

Proceso III: valor de uso, económicos o cambio

Desarrollar un plan de acción en torno al propósito para:
– Generar un conjunto de producto(s) o servicio(s) con valor uso o cambio; y
– Acelerar e independizar la comunidad (con o sin fines de lucro) para que evolucione en el tiempo.

Características Articuladores y Participantes

Para aplicar la metodología tejeRedes es necesario una persona, institución u organización promotora con características de Articulador y polinizador para promover, levantar redes, impulsar, incubar y acelerar nuevas organizaciones en red. El Articulador tiene que tener la capacidad de observar CLEHES, conversaciones y afectar el movimiento de los CLEHES en la acción de la red.

En relación con los Participantes (de la primera etapa del proceso), no es

necesario que tengan claridad sobre una iniciativa, proyecto o propósito. Sin embargo, deben tener la capacidad de relacionarse desde el punto de vista social y desde la mirada del emprendimiento. Los Participantes de etapas superiores deben tener claridad respecto de alguna iniciativa o proyecto a través de intereses y conocimientos comunes.

Es importante recalcar que para trabajar en red colaborativamente debe existir, en la comunidad u organización, el rol del Articulador.

Medición de los procesos

Para medir los procesos, es necesario entender que hay entradas y salidas, es

decir, cada proceso es una caja en donde suceden cosas. El suceder se explica por la aplicación de dinámicas o tecnologías sociales (presenciales y virtuales) que permiten que las entradas se transformen en procesos de articulación de redes de acuerdo a las características particulares.

Por ello, será necesario medir el inicio y el final del proceso, para establecer los indicadores que permitan monitorear y regular los procesos que se configuran en la comunidad o en las redes.

Las mediciones de los procesos, tradicionalmente se establecen a través de índices numéricos. Desde tejeRedes queremos incentivar mediciones gráficas o visuales a través del uso de tecnologías sociales, ya que el trabajo en red en una

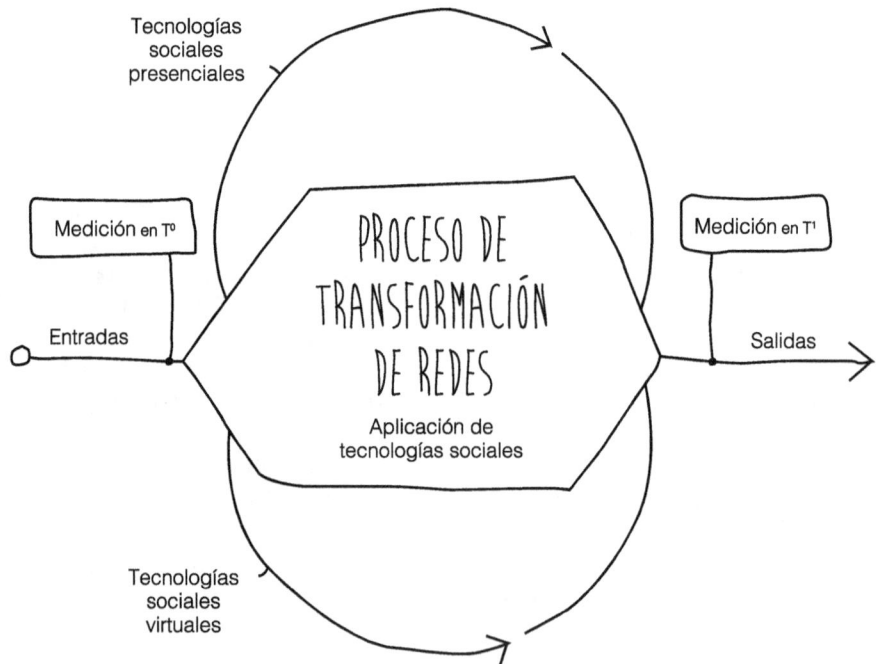

Tecnologías sociales presenciales

Medición en T⁰

Entradas

PROCESO DE TRANSFORMACIÓN DE REDES

Aplicación de tecnologías sociales

Medición en T¹

Salidas

Tecnologías sociales virtuales

comunidad, no es un conjunto binario de ceros y unos (0 y 1), sino de acoples conversacionales de CLEHES o personas.

Tecnologías sociales en los Procesos

Anteriormente, se planteó que, para que los sistemas pudieran conversar (por ejemplo, dos personas), es necesario el uso de tecnologías sociales, las cuales se asemejan a las agujas e hilos -que nos sirven para tejer las redes en una comunidad- o, en su efecto, a las herramientas que facilitan el trabajo en red.

Para cada etapa, el Articulador necesitará definir tecnologías sociales (o agujas e hilos) específicas y acordes a los objetivos y características del proceso de la metodología tejeRedes. Si ponemos como referencia los espacios presenciales y virtuales, podemos tener un sinnúmero de tecnologías sociales para tejer en red la comunidad. Estas tecnologías se pueden focalizar por procesos o ser transversales.

Tecnologías sociales presenciales:

– Articulaciones individuales o grupales (círculos de conversación, world café, fiestas y otros).

– Mapeo presencial (Enredómetro, Colaborómetro, Animómetro, Confianzómetro y otros).
– Métrica presencial (estados de ánimo, niveles de confianza y colaboración, número de conexiones de intereses, entre otros).

Tecnologías sociales virtuales:

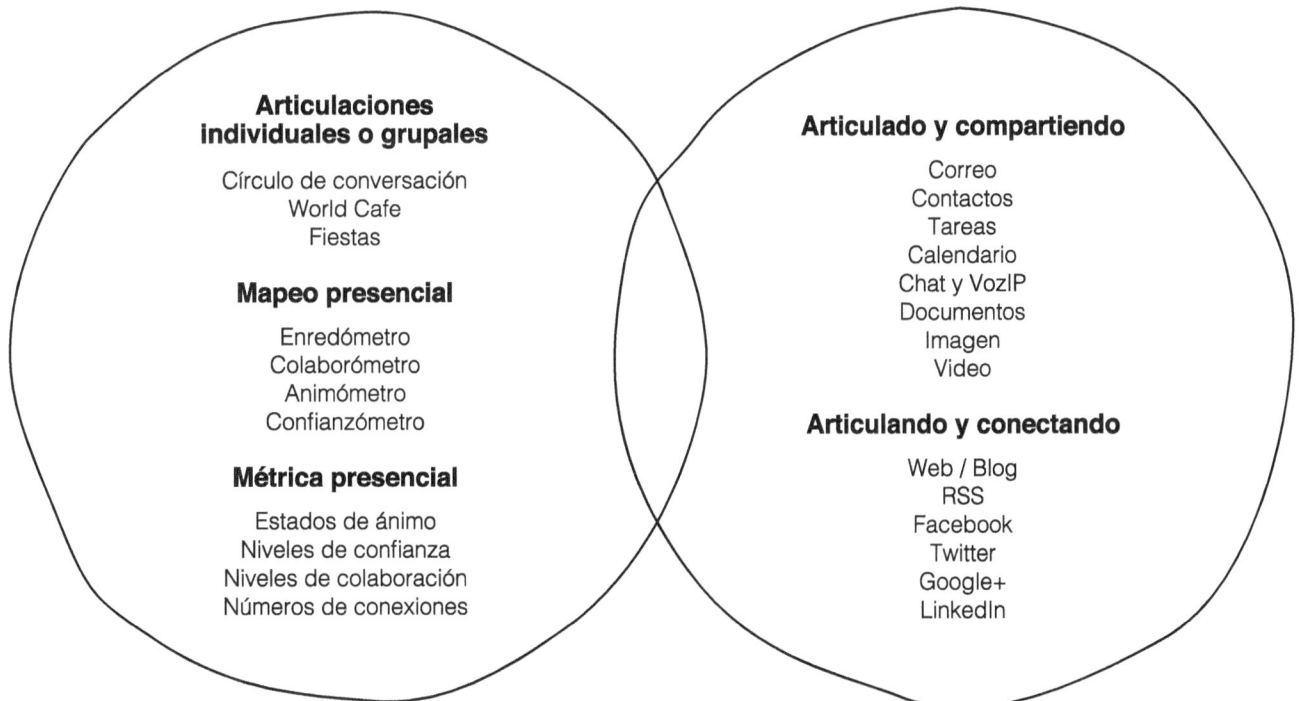

– Articulando y compartiendo (Correo + Contactos + Tareas + Calendario + Chat y voz + Documentos online + Imagen + Vídeo y otros).
– Articulando y conectando redes sociales (Web/Blog + RSS + Facebook + Twitter + Linkedin + Google+, otros).

TECNOLOGÍAS SOCIALES PRESENCIALES

Articulaciones individuales o grupales

Círculo de conversación
World Cafe
Fiestas

Mapeo presencial

Enredómetro
Colaborómetro
Animómetro
Confianzómetro

Métrica presencial

Estados de ánimo
Niveles de confianza
Niveles de colaboración
Números de conexiones

TECNOLOGÍAS SOCIALES VIRTUALES

Articulado y compartiendo

Correo
Contactos
Tareas
Calendario
Chat y VozIP
Documentos
Imagen
Video

Articulando y conectando

Web / Blog
RSS
Facebook
Twitter
Google+
LinkedIn

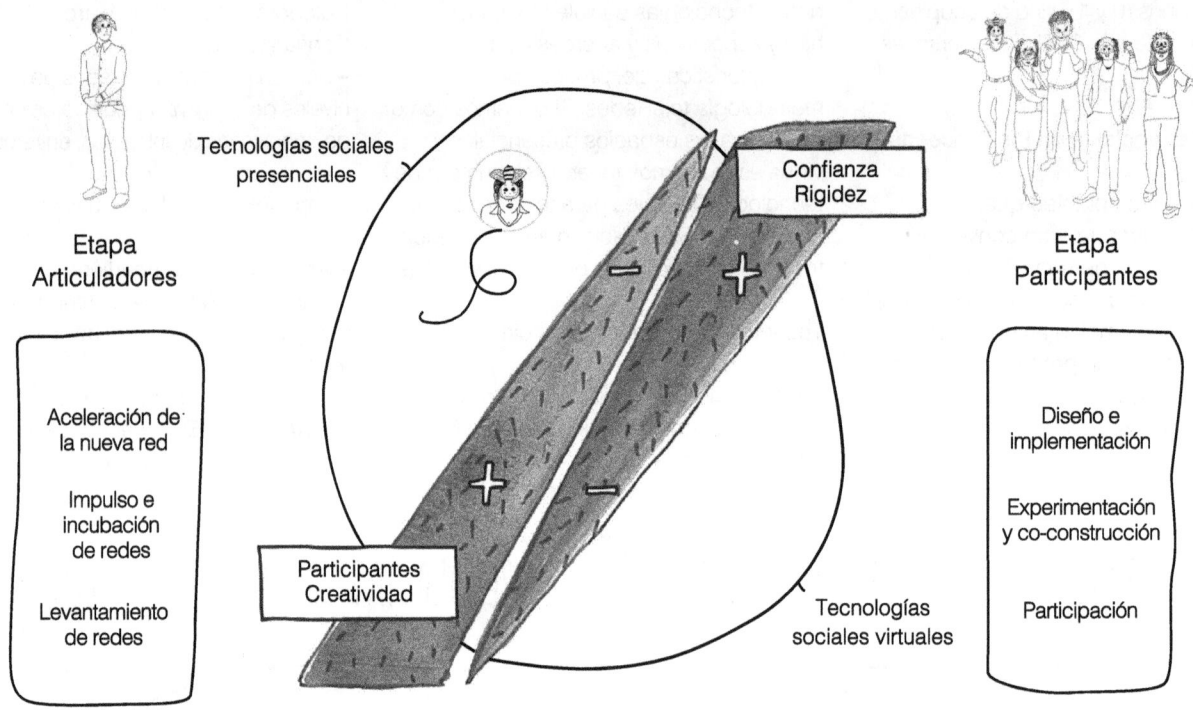

Tecnologías sociales
presenciales

Etapa
Articuladores

Confianza
Rigidez

Etapa
Participantes

Aceleración de
la nueva red

Impulso e
incubación
de redes

Levantamiento
de redes

Participantes
Creatividad

Tecnologías
sociales virtuales

Diseño e
implementación

Experimentación
y co-construcción

Participación

Número de participantes, desarrollo de confianza, creatividad y estructuras

La cultura y metodología tejeRedes proporcionan una serie de elementos que configuran ecuaciones invisibles que permiten equilibrar y caracterizar con mayor precisión el estado de la comunidad.

En el proceso inicial de la metodología tejeRedes, el número de participantes y creatividad es mayor y van disminuyendo a medida que avanzan las etapas. A la inversa, el grado de confianza entre los participantes al inicio es menor y, a medida que se avanza, aumenta. Las estructuras organizacionales al inicio son más flexibles y en etapas superiores más rígidas.

En la medida que las ecuaciones de los elementos anteriores funcionen, es probable que la comunidad tenga un trabajo en red colaborativo y sistémico más avanzado y maduro en el tiempo, entregando sostenibilidad y coherencia en torno al propósito y la fraternidad.

Ya hemos hablado que el centro aglutinador de una comunidad es y será el propósito. Pero, por otro lado, la confianza nos ayudará a modelar y desarrollar la forma que tendrán las comunidades y organizaciones.

Si pensamos en una comunidad y tomamos como referencia ilustrativa una cebolla y sus distintas capas (de confianza), debemos tomar en cuenta lo siguiente:

– El número de participantes y la creatividad disminuye, y la confianza aumenta en las capas más internas. La estructura organizacional es más rígida.
– El número de participantes y creatividad es mayor y la confianza es más débil en

las capas más externas. La estructura organizacional es más flexible.

– En las capas más internas tendremos a los Articuladores y los participantes (líderes, trabajadores, estrategas, polinizadores y astutos) de un proyecto y comunidad que se relacionan con el Proceso III de la metodología tejeRedes.

– En la siguiente capa tendremos a otros actores que experimentan con la comunidad. Se relacionan con el Proceso II de la metodología tejeRedes.

– En la capa siguiente, antes de la externa, tendremos a actores que están observando la comunidad. Se relacionan con el Proceso I de la metodología tejeRedes.

– En la capa más externa (más allá de la línea de entrada a la comunidad) tendremos actores o instituciones de la red que están dando vueltas en torno a la organización. Ejemplo: clientela o futuros colaboradores (tendremos todas las tipologías de actores). A la mayoría hay que animarlos a incorporarse a la comunidad.

Por eso, es importante que la productividad tenga características relacionadas:

– A las relaciones de las personas como un activo o valor social.

– Al intercambio de saberes y experiencias como valor de conocimiento.

– Al desarrollo de productos/servicios y sus metas (por ejemplo, en una empresa clientes, producción, etc.) para generar valor de uso (económico) o intercambio.

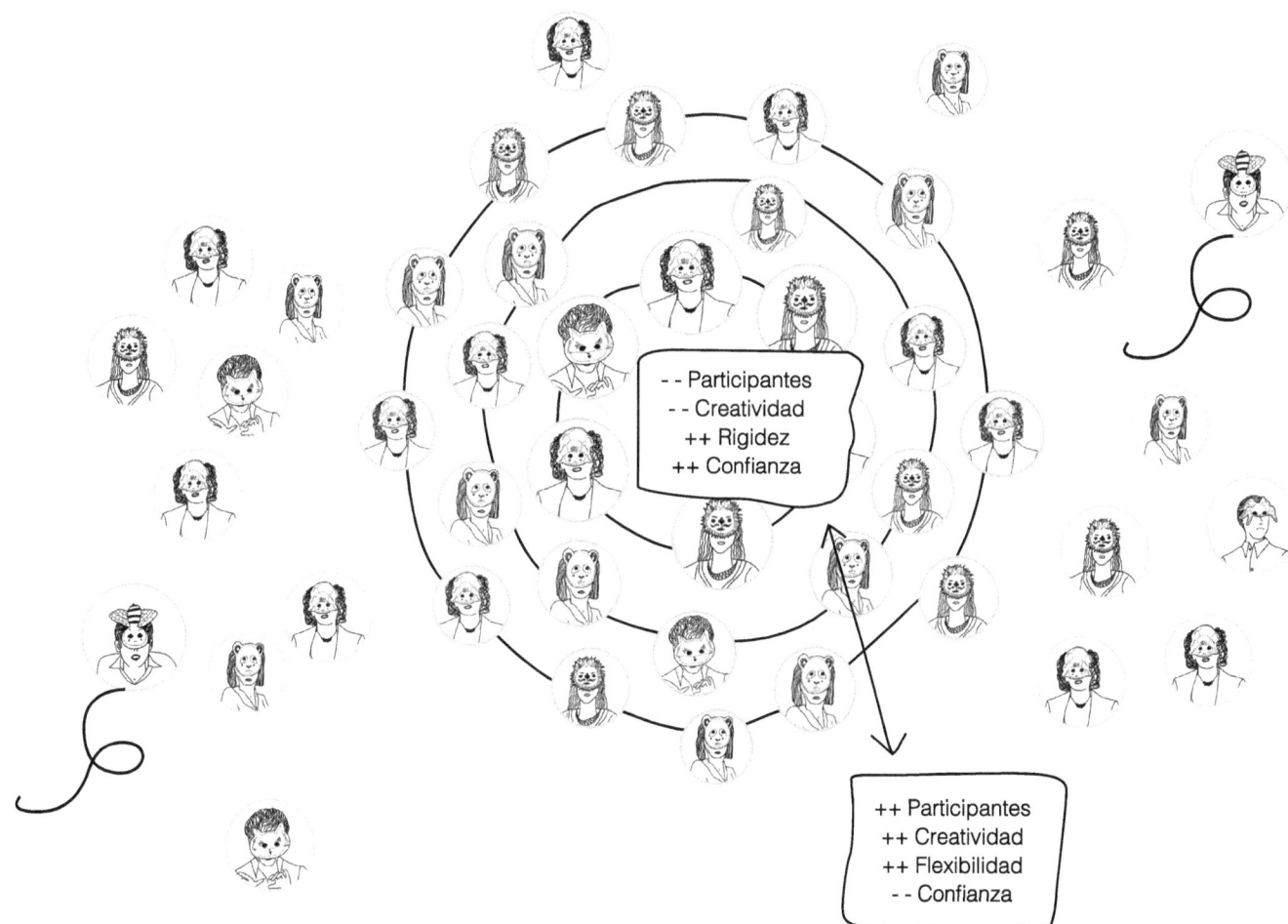

- - Participantes
- - Creatividad
++ Rigidez
++ Confianza

++ Participantes
++ Creatividad
++ Flexibilidad
- - Confianza

CAPÍTULO 11. EL ARTICULADOR TEJEREDES – ¿CÓMO EMPEZAR A ARTICULAR EL TRABAJO EN RED COLABORATIVO?

A continuación presentaremos cómo un Articulador puede empezar a tejer el trabajo en red colaborativo. Tomaremos como ejemplo la experiencia de un Articulador[39] que desarrolló proyectos en red. Específicamente, se puso como meta escribir y publicar un libro. Después de conocer el sector editorial y las experiencias de personas que publicaron sus primeros escritos, decidió autopublicar su trabajo, ya que las editoriales tradicionales, en general, desarrollan un modelo muy jerárquico de negocio. Lo anterior, implicó desarrollar una red de personas que, de forma colaborativa, le ayudara con su propósito.

Esta experiencia nos ayudará a graficar las formas en que un articulador teje o articula una red. Este desafío se puede extrapolar, también, a organizaciones que quieran desarrollar su red o una nueva comunidad de organizaciones. El proceso de articulación se puede iniciar

por cualquiera de los tres procesos definidos en la metodología tejeRedes. Lo importante es que exista uno o varios Articuladores y que durante ese tiempo se activen los tres procesos.

Articular el diseño, implementación y aceleración de comunidades/proyectos

Para desarrollar la capa central (tercera capa) del equipo motor (cuando se tiene claro el propósito y existen pocas personas para empezar a articular) se puede iniciar por el proceso III metodológico de tejeRedes: "diseño, implementación y aceleración de comunidad/proyectos":

– El proceso de articulación empieza desde la definición del propósito y los roles, es decir, quiénes serán los articuladores y participantes del núcleo central de la organización.

– Las personas del núcleo central se caracterizan por ser pocas y tienen importantes grados de confianza.

"Desarrollo de un equipo motor en torno a un proyecto (propósito muy claro)"

---

39. Consultar glosario y webgrafía: Escritor Nahuel Furrer.

– Para este núcleo es importante definir ciertas actividades presenciales y virtuales que articulen y proyecten el trabajo en torno a un propósito para generar valor de uso, económico o de cambio.

Esta forma de trabajo en red es la más clásica y ocurre cuando un grupo personas, con capacidad de articulación y bajo un propósito acotado, es capaz de moverse-danzar en conjunto con otros nodos o personas independientes. Al orquestar este conjunto de características, se generan una circulación colaborativa.

Esta forma ocurre, sobre todo, en personas que quieren emprender iniciativas de forma colaborativa. Necesitan de altos de grados de eros y seducción en torno a las personas que se unen a la iniciativa. El peligro que tiene esta forma de articulación es que, en caso de continuar con la misma persona orquestándola, se centraliza y genera procesos endogámicos. Y en caso de que ella desaparezca, el proyecto lo más probable es que muera.

Esta forma de tejer redes se recomienda cuando se inicia un proyecto (teniendo claro, por cierto, la meta y el tiempo de cierre). En caso de que se prolongue, es necesario pasar a los otros procesos de la metodología tejeRedes.

Articular la experimentación, co-construcción, impulso e incubación de las comunidades/proyectos

Si se desea formar un equipo más amplio o se cuenta con un grupo de saberes y experiencias (con un propósito relativamente definido), se recomienda iniciar el proceso II metodológico de tejeRedes "experimentación, co-construcción, impulso e incubación de las comunidades/proyectos" o segunda capa:
– Las personas necesitan experimentar y trabajar en torno a iniciativas que permitan levantar el conocimiento mutuo y la confianza necesaria. Es probable que se generen otras comunidades e iniciativas (camino propio).
– En esta capa es importante definir ciertas actividades presenciales y virtuales que permitan experimentar y tomar acciones para generar valor de conocimiento, saberes y experiencias.

Esta forma de trabajo en red necesita de mucha paciencia y tiempo. En muchos casos, se avanza lento con objeto de desarrollar el propósito compartido. Si este tipo de trabajo en red es colaborativo, se mantendrá durante mucho tiempo y gozará de gran estabilidad (para llevar adelante un gran propósito). Pero se necesitarán grandes dosis de fraternidad y confianza.

El peligro de esta forma de tejer redes es que requiere mucho tiempo, capacidad de escucha y empatía entre las personas del equipo. Cualquier quiebre o desconocimiento del propósito, valores y metas puede generar la rotura de la red en la comunidad. También pueden sufrir retrocesos en caso de que algunas personas centralicen el proceso. Se recomienda este tipo de redes cuando deseamos darle estabilidad a un proceso o invocamos una iniciativa de largo plazo.

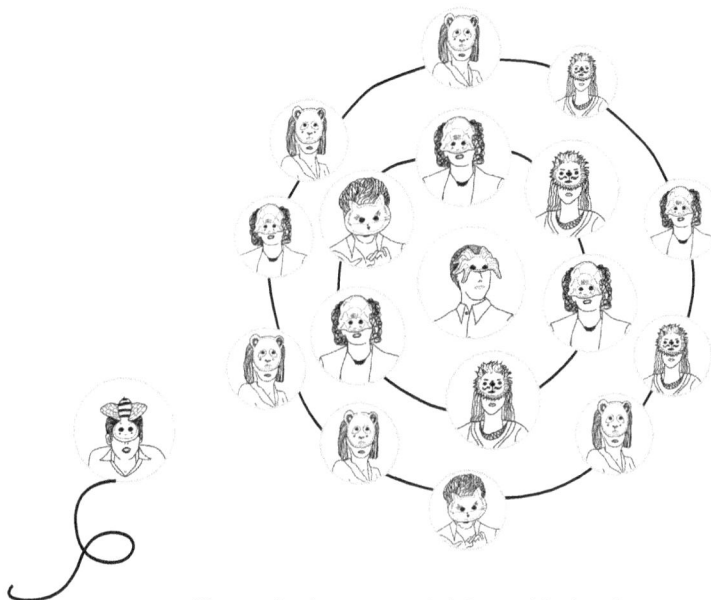

"Desarrollo de un grupo de intercambio de saberes y experiencias (propósito relativamente claro)"

"Desarrollo de una comunidad para conectar
socialmente (propósito poco claro)"

Articular la participación y levantamiento de la comunidades/ proyectos

En caso de querer desarrollar comunidad (o existen muchas personas que desean juntarse para desarrollar un propósito aún no definido) se recomienda partir en el proceso I metodológico de tejeRedes: "participación y levantamiento de la comunidad/proyecto" o primera capa:

– Las personas de la primera capa son quienes desean participar de la comunidad, pero necesitan acercarse y conocerse.

– Es importante definir ciertas actividades presenciales y virtuales que permitan experimentar y tomar acciones para que las personas se relacionen y generen valor social, relaciones y participación.

Esta forma de trabajo en red requiere de importantes dosis de humildad y unidad para que funcione la comunidad. De mantenerse las características comentadas (fraternidad, confianza, etc.) es necesario incluir al proceso el desarrollo y/o transformación de un propósito.

Éste será asumido por un equipo de personas que no estaban necesariamente en el inicio (seguramente, rotaron o cambiaron). Esta es la forma más natural en la que mutan proyectos que nacen como iniciativa colaborativa, pero que necesitan de tiempo y acciones concretas para generar valor social, de conocimiento y de uso.

Su fragilidad radica en los mismos errores que los anteriores, pero con el aliciente de que la prueba y el error son parte del proceso de sobrevivencia (mientras se avance en definir un propósito). Se recomienda este tipo de red cuando un proyecto va más allá de la persona que creó la iniciativa y, por ende, involucra a terceros.

Relaciones en las características de articulación

Para articular es importante tener en cuenta que:

– Los actores o CLEHES del nivel más interno, articulan a los actores de distintas capas a través de herramientas y dinámicas (tecnologías sociales). Circulan y triangulan relaciones y acciones.
– El uso de tecnologías sociales presenciales y virtuales promueven la generación de una estructura de red distribuida en el tiempo.
– En general, la comunidad debería avanzar a estructuras descentralizadas y distribuidas.
– Siempre existirá un grupo de personas que promoverán un código o directrices que después serán modificables por la comunidad.

Germinación de comunidades

Con el tiempo, distintos actores de la comunidad impulsarán procesos para que germinen otras comunidades: grupos de trabajo por temas o nuevas organizaciones.

Ejemplo: del propósito de una empresa, nacen comunidades con objetivos compartidos, pero con diferentes focos o contenidos. Caso: funcionamiento del grupo de trabajo atención al cliente, grupo de trabajo de producción, grupo de trabajo finanzas, etc. En general, los grupos de trabajo tienen un Articulador que forma parte del grupo o núcleo de articulación de la empresa.

Otro ejemplo: desde un grupo de trabajo nace una nueva comunidad externa. Caso: es común que desde el grupo de trabajo de tecnologías de la información, asome una empresa que entregue servicios externos a la empresa madre y a otras organizaciones.

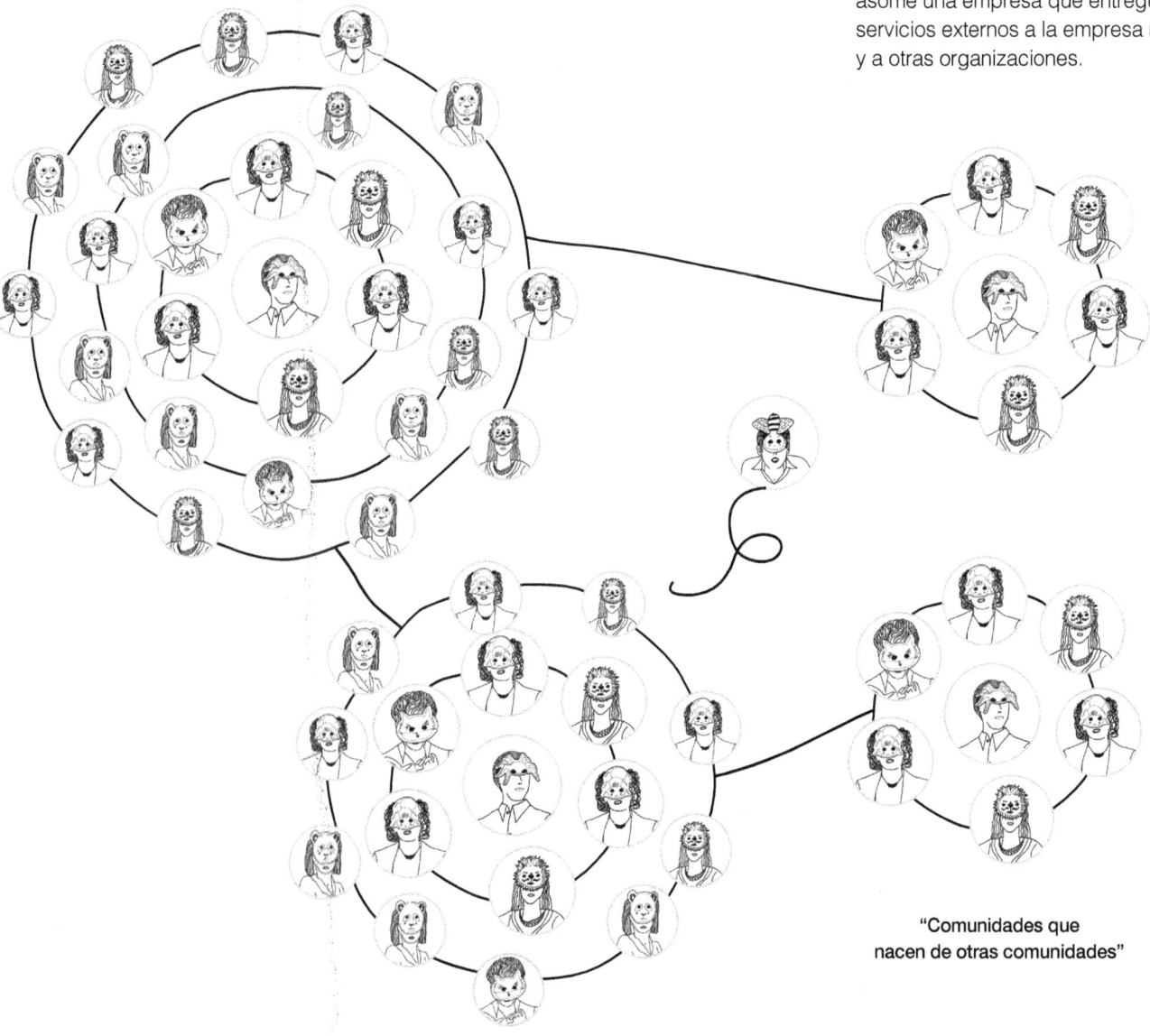

"Comunidades que
nacen de otras comunidades"

tejeRedes

SEGUNDA PARTE

SISTEMAS DE ARTICULACIÓN COLABORATIVOS

En esta segunda parte del libro, compuesta por las secciones 4 y 5, revisaremos las características/focos de los sistemas de articulación colaborativos: conceptos, metodologías y prácticas. Esta parte está enfocada para ser implementada en la gestión colaborativa de una comunidad con mayores grados de formalización (definición de estructuras legales o grados de formalización mayores).

Se recomienda para aquellas personas u organizaciones que quieren desarrollar un sistema de gestión o articulación basado en la colaboración o para horizontalizar su estructura organizacional. La implementación de sistemas de gestión colaborativos puede tener tres caminos:

– Camino 1: participación secuencial
– Camino 2: consenso rápido
– Camino 3: equipo piloto

tejeRedes

SECCIÓN 4

CONCEPTOS Y PRÁCTICAS DE LOS SISTEMAS DE ARTICULACIÓN COLABORATIVOS

CAPÍTULO 12. CARACTERÍSTICAS/FOCOS PARA EL DISEÑO DE SISTEMAS DE ARTICULACIÓN COLABORATIVOS

Cinco características/focos

Las características o focos para diseñar y desarrollar un sistema de articulación colaborativo (para la gestión de una comunidad), involucra cinco ejes claves que condicionan las buenas prácticas:

Propósito y contenidos de interés común

El propósito es clave para que la comunidad tenga coherencia en las acciones que desarrolla. Va acompañado de una serie de otros contenidos como cualidades culturales e ideales así como metas en torno al valor social, valor de conocimiento y valor de uso. Ejemplo de buenas prácticas:

– El propósito: desarrollamos motores eólicos (innovando con nuestros clientes). Define una comunidad abierta en sus procesos.
– El ideal: "el poder está distribuido" define una organización que seguramente funciona más horizontalmente.

– La meta de valor social: "85% de la organización se sienten feliz". Habla de personas que lo pasan muy bien en la comunidad.

Roles y actores en la comunidad

Las personas de la organización y sus CLEHES asumen diferentes roles en la medida que son parte de una comunidad. Ejemplo de buenas prácticas:

– El rol de articular la comunidad tejiendo colaborativamente las conversaciones de un equipo.
– El rol de generar fraternidad y observar estratégicamente lo que sucede en la comunidad.
– El rol de buscar clientes y saber dónde se consigue financiamiento.

Estructuras de red en las organizaciones

No es lo mismo trabajar en estructuras de red donde una persona decide todo lo que se conversa que una estructura donde todos tejen colaborativamente las conversaciones en una organización. Ejemplo de buenas prácticas:

– Las estructuras circulares invitan a que las relaciones y la capacidad de escucha resulten más activas.
– No es lo mismo un jefe que direcciona la información de arriba hacia abajo que un Articulador la haga circular de forma horizontal.
– Las estructuras centralizadas/ jerárquicas promueven el individualismo y las estructuras más distribuidas/ horizontales promueven la colaboración.

Espacio y tecnologías sociales (presenciales/virtuales)

El espacio presencial, virtual o híbrido es donde las personas y equipos de la comunidad desarrollan sus actividades. Ejemplo de buenas prácticas:
– Lugares donde las personas se juntan a innovar y crear.

– Lugares donde las personas comparten comidas o buscan el silencio.
– Lugares donde se desarrollan tareas de administración.

Las tecnologías sociales o metodologías (presenciales o virtuales) son necesarias para que las personas se relacionen y el sistema de articulación funcione. Ejemplo de buenas prácticas:

– Plataforma de trabajo virtual (Google for work[40]).
– Metodologías de planificación y gestión ágil de proyectos/actividades (Kanban[41] Board - Trello[42]).
– Tecnologías sociales para observar y mapear conversaciones (Animómetro[43], Confianzómetro[44]).

Confianza y marco de entendimiento común

La confianza se relaciona con los niveles de implicación/acciones de las personas en torno al propósito y al tejido conversacional. Ejemplo de buenas prácticas:
– Integrar a diferentes personas de la comunidad en los procesos de innovación.
– No caer en las zonas de confort de comunidades que tienen altos grados de confianza en el trabajo.
– No todas las personas tienen los mismos niveles de implicación en la comunidad.

El marco de entendimiento común define las reglas del juego consensuadas en cuatro dimensiones : (1) Dimensión del valor social entre las personas; (2) Dimensión del valor social en torno a la comunidad; (3) Dimensión del valor del conocimiento abierto y (4); Dimensión del

Figura con: Estructuras de red en las organizaciones; Propósito y contenidos de interés común; Roles y actores de la comunidad; Espacios y tecnologías sociales (presenciales/virtuales); Confianza y marco de entendimiento común

valor de uso en los números. Ejemplo de buenas prácticas:
– Estructuras salariales niveladas.
– Autoorganización de equipos de trabajo.
– Participación de todas las personas en la planificación.

¿Cómo implementar las características/focos?

De las cinco características/focos para el diseño de sistemas de articulación colaborativos el más complejo de implementar es:
– Confianza y marco de entendimiento común.

Lo anterior invita a las personas (que son parte de una comunidad) a definir las reglas del juego, ya que éstas son la base bajo las cuales se mantiene la colaboración y la confianza.

Le sigue (en complejidad de implementación) el desarrollo de:
– Estructuras de red de las organizaciones; y
– Espacio y tecnologías sociales (presenciales/virtuales).

40. Consultar glosario y webgrafía: Google for work.
41. Consultar glosario y webgrafía: Kanban.
42. Consultar glosario y webgrafía: Trello.
43. Consultar glosario y webgrafía: Animómetro.
44. Consultar glosario y webgrafía: Confianzómetro.

Lo anterior es clave para definir las formas de funcionamiento (estructura colaborativa) y para diseñar e implementar espacios y tecnologías sociales para trabajar de forma más colaborativa. Por último, lo menos complejo es (se recomienda iniciar un proceso de implementación por estas características/focos):

– Propósito y contenidos de interés común; y
– Roles y actores de la comunidad.

Los primeros pasos, para desarrollar un cambio en un sistema de articulación colaborativo, es preguntarnos para qué (en torno al propósito) y construir un mapa organizacional basado en roles. Más adelante, recomendaremos cómo realizar el proceso de implementación considerando, por cierto, las cinco características/focos.

Ventajas y desventajas de cambio a un sistema de articulación colaborativo

La colaboración no es fácil, pues tiene reglas (como cualquier acción que involucre a los seres humanos). Un sistema de articulación basado en la colaboración necesita de un profundo esfuerzo de las personas: dejar los egos y aprender a lograr consensos.

Cuando una comunidad empieza a realizar cambios, desde el individualismo a la colaboración, la estructura y los procesos organizacionales empiezan a crujir. En muchos casos, las personas se sentirán incómodas. Por ejemplo:

– Cambiar las prácticas de las reuniones. Promover la capacidad de escuchar con atención y hablar con intensión no es fácil y menos aún tener reuniones focalizadas y optimizadas en el tiempo.
– Tener que repartir el trabajo. Salir del *confort* del individualismo y tener reuniones donde todos los temas y actividades se transparentan, requiere mucha generosidad por parte de todos. Si existen períodos de mucho trabajo, quien termina primero no significa que acabó sus labores, es decir, tiene que ayudar a los que van más lento.
– Cuando la comunidad tiene pérdidas, todos las asumen, bajándose el sueldo o trabajando más horas para mejorar los resultados, ya que la planificación y el plan de inversión son desarrollados y aprobados por todas las personas.

Por otro lado, la colaboración genera muchas externalidades positivas en las personas, otorgando importantes grados de satisfacción e involucramiento. Por ejemplo:

– Las personas pueden definir y gestionar sus horarios y metas.
– Si existen utilidades o rendimientos positivos, se pueden repartir ciertos % entre todos.
– Como existe transparencia y todos conocen los números de la organización, se pueden tomar decisiones personales y familiares con más certeza. Por ejemplo, al adquirir una propiedad.

En general, ocurre que las personas que continúan con prácticas individuales, en una comunidad que funciona con base en equipos colaborativos, no logran acoplarse al sistema de trabajo o definitivamente termina auto-excluyéndose del proceso. Desde el punto de vista del rendimiento, las comunidades de este tipo consiguen, en muchos casos, multiplicar al doble sus capacidades y mejorar su productividad.

Este es el caso de la Empresa vasca EKIN[45], la cual en 2008 inició un proceso de cambio organizacional a través de NER[46] (Nuevo Estilo de Relación). Por mayoría de votos (más del 80% de las personas), decidieron transitar desde un esquema cooperativo matricial jerárquico a un esquema cooperativo horizontal colaborativo. Los resultados o números de la empresa se han más que duplicado desde entonces. Por ejemplo:

– Al inicio tenían dos plantas en el País Vasco. Hoy la empresa cuenta con 5 plantas (además se han agregado India, México y Brasil).
– El número de personas en la organización aumentó de 115 (2008) a más de 370 (2014).
– El nivel de facturación progresó desde los 12 MM € (2008) a los 29 MM € (2014).

Además, destacan aspectos como:

– Antes del 2008, sólo un pequeño grupo de personas (el director y los encargados de áreas) planificaban la organización. Hoy, en cambio, participan en dicha tarea más de 300 personas, es decir, todos se involucran y deciden la planificación.

---

45. Consultar glosario y webgrafía: Empresa EKIN.
46. Consultar glosario y webgrafía: NER, Sistema organizacional basado en un Nuevo Estilo de Relación.

– Todos reconocen y saben el estado financiero de la empresa.
– Las personas y equipos de trabajo se autoorganizan en muchos aspectos.
– Uno de los aspectos más destacados (tanto en la empresa EKIN como en otras empresas del NERGroup[47]) es que nadie está interesado en cambiar de trabajo u organización. Por lo tanto, el nivel de apropiación es alto.

Hay que tener en cuenta que cuando se rediseña o se está trabajando con un sistema de articulación de trabajo en red colaborativo (ejemplo NER) es necesario, para que la colaboración fluya, que las cinco características o focos se desarrollen en paralelo al modelo colaborativo.

De todas maneras, y como veremos más adelante, su implementación puede tardar mucho tiempo. Se recomienda realizarla por etapas a través de un diagnóstico de la situación problema y un camino o plan de trabajo global con las 5 características/focos. Si no realizamos una planificación pueden ocurrir las siguientes experiencias:

– Si se invierte mucho tiempo y energía en implementar una estructura de trabajo en red más horizontal, en desarrollar las confianzas e implementar un marco común de entendimiento (reglas del juego) y, por el contrario, no se fortalecen los espacios de trabajo o las tecnologías sociales presenciales y/o virtuales, es probable que los equipos de trabajo, las personas y en particular los Articuladores, tengan altos grados de desgaste (estados de ánimo, confort laboral, etc.) en la implementación del sistema

– Si sólo se focaliza el cambio en los espacios (físicos y virtuales) con un alto componente de trabajo colaborativo (espacios abiertos, diseños físicos inspiradores, flexibilidad de trabajo virtual, etc.) y en las tecnologías sociales que promueven e invitan a la co-creación (técnicas metodologías de design thinking para proceso de diseño e innovación de productos y servicios, metodologías ágiles[48] como kanban[49] o scrum para gestión de proyectos y equipos de trabajo, sistemas de gestión ofimáticos por internet como "Google for work"[50]), se percibirá que los equipos efectivamente colaboran y la comunidad tiene un ambiente moderno de trabajo por las "Formas" (Espacios + tecnologías sociales), pero en la práctica sólo es un sistema con un buen maquillaje colaborativo, ya que en el "fondo" sigue siendo una comunidad matricial con nodos de poder centralizados. Es importante destacar que las organizaciones que avanzan en esta línea, aunque promueven que las personas se auto-organicen (manejo de horarios, planificación de equipos, etc.), el poder de decisión sigue concentrado en la estructura matricial y jerárquica.

Más adelante, profundizaremos en los análisis anteriores (a través de una herramienta) para que las organizaciones sean capaces de diagnosticar y establecer una estrategia. El objetivo es que sean capaces de desarrollar un cambio hacia un sistema de articulación colaborativo.

47. Consultar glosario y webgrafía: NERGroup, Asociación de empresas que comparten NER.
48. Consultar glosario y webgrafía: Metodologías ágiles.
49. Consultar glosario y webgrafía: Kanban.
50. Consultar glosario y webgrafía: Google for work.

CAPÍTULO 13. PROPÓSITO Y CONTENIDOS DE INTERÉS COMÚN

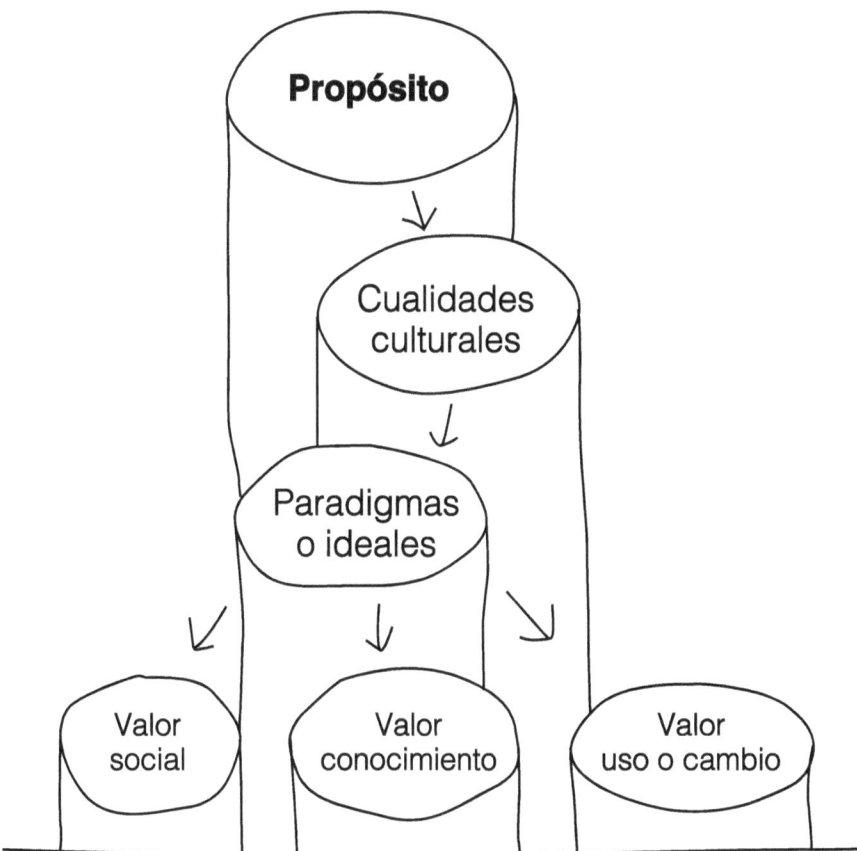

El propósito es el eje aglutinador de una comunidad. Asimismo, los contenidos se construyen -por medio de la historia- entre la comunidad y las personas. En este orden de ideas, el propósito evoluciona en la medida que dichos contenidos toman forma y pasan a la acción en la corporalidad de las personas de la comunidad.

El propósito es lo más importante en una organización, no sólo por el resultado, sino porque crea un clima colaborativo. Además, será la guía que marque el rumbo y dará identidad a la comunidad[51].

El propósito se complementa con tres tipos de contenidos de interés común:

– Cualidades culturales.
– Ideales o paradigmas.
– Metas asociadas al:
  Valor social,
  Valor de conocimiento, y
  Valor de uso/cambio

---

51. Consultar glosario y webgrafía: Entrevista Jordi Martí.

Propósito, cualidades culturales e ideales

La comunidad no vive sólo del amor. Tiene que direccionar el timón a un propósito para que dirija las acciones de los participantes. Pero esos movimientos no son en línea recta y varían como las estaciones del año o la misma naturaleza humana. Para que el propósito esté bien sustentado, es importante definir las cualidades culturales e ideales o paradigmas que la sostienen.

Las cualidades culturales e ideales son el marco de referencia bajo el cual se tomarán acciones. Hay cualidades culturales e ideales que definirán marcos de acción más individualistas y otros más colaborativos.

El propósito y las cualidades culturales e ideales tienen que conversar o estar en equilibrio. Por ejemplo, el propósito "Desarrollar tecnología para mejorar la salud de las personas" es muy diferente al ideal "la competencia me amenaza". Alguien podría estar de acuerdo desde la lógica del sistema tradicional (jerarquías), pero no desde un sistema colaborativo.

Los propósitos colaborativos requieren cualidades culturales e ideales colaborativos que se fundamentan en acciones concretas. Por ejemplo, si la cualidad cultural es la "transparencia" y el ideal "me adhiero a cocrear", significa que los individuos de la comunidad comparten los conocimientos para que otras personas y comunidades los utilicen. De esta forma el grado de colaboración es mayor.

"CollageRed para trabajar el propósito de la organización o equipo"

Las cualidades culturales e ideales tienen que ser compartidos por todos en la organización. De lo contrario, no todos palparán de igual manera un proyecto o trabajo en equipo[52]. En cualquier proceso de cambio es necesario que la organización tenga muy claro su propósito y que éste sea comunicado a la comunidad[53]. Por ejemplo, para promover la cultura colaborativa al interior de una Universidad[54] se estableció que:

"El propósito del Programa Nexus24 es que el año 2024, trabajar en equipos colaborativos sea normal en la UPC. Llegar a este punto implica tanto un cambio cultural como operativo, que hay que gestionar como un proceso progresivo que comienza pequeño y va creciendo en red, en un entorno de prototipado continuo"

Desde tejeRedes recomendamos utilizar técnicas como la del CollageRed[55] para trabajar la del propósito de la organización o equipo. Esta técnica, exige a las personas trabajar la pregunta "¿para qué?" y otras interrogantes asociadas a las cualidades culturales e ideales.

52. Consultar glosario y webgrafía: Entrevista Beatriz Lara
53. Consultar glosario y webgrafía: Entrevista Beatriz Lara
54. Consultar glosario y webgrafía: Programa NEXUS24 Universidad Politécnica de Cataluña (UPC).
55. Consultar glosario y webgrafía: CollageRed.

Lo interesante del programa Nexus24 es que declaró un manifiesto con cualidades culturales e ideales:

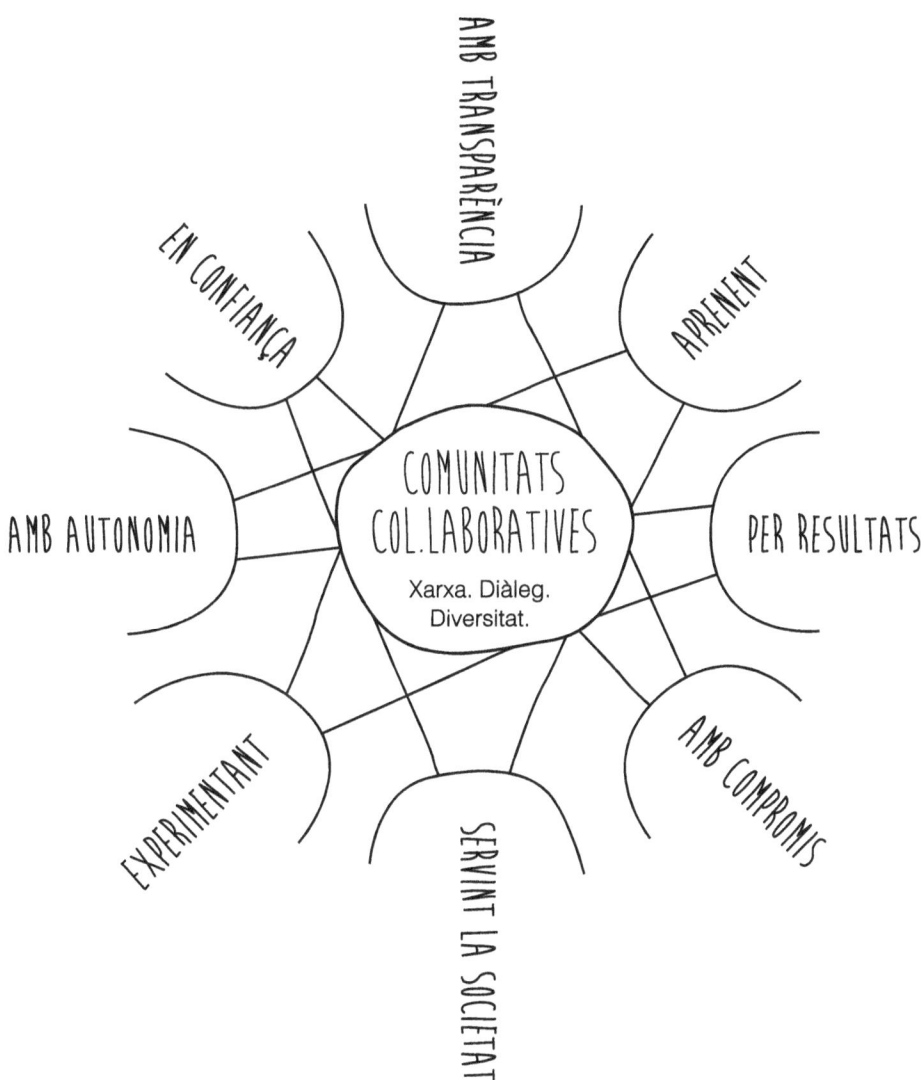

"Programa NEXUS24 - cualidades culturales e ideales"

– **En confianza.** Sintiendo que podemos expresarnos abiertamente.
– **Con compromiso.** Sintiéndonos implicados e ilusionados con lo que hacemos.
– **Aprendiendo.** Potenciando el crecimiento individual y el conocimiento colectivo.
– **Experimentando.** Probando maneras diferentes y divertidas para co-crear y mejorar.
– **Con autonomía.** Pudiendo organizarse de la manera más eficaz.
– **Para resultados.** Definiendo objetivos claros para lograr con eficiencia el impacto en lo que hacemos.
– **Con transparencia.** Mostrando lo que hacemos y cómo lo hacemos.
– **Sirviendo a la sociedad.** Pensando más allá de nuestro ámbito para contribuir al bien común.

En general, se recomienda no tener más de 10 cualidades culturales e ideales. Éstas se puedan plasmar en una declaración pública (como el caso descrito). Esta declaración servirá para medir en el futuro el estado de la cultura colaborativa.

Desde tejeRedes recomendamos utilizar el Colaborómetro[56] cada cierto tiempo (2, 4 o 6 meses) para revisar y chequear el propósito y las cualidades culturales e ideales (permiten ver gráficamente el estado de la cultura colaborativa).

---

56. Consultar glosario y webgrafía Colaborómetro.

"Colaborómetro para chequear el propósito
y las cualidades culturales e ideales"

Medir el estado de la cultura colaborativa sirve para ir ajustando, entre lo deseado y la realidad, las cualidades culturales e ideales del propósito. Aquello nos permite mejorar, además, nuestras acciones en torno a la implementación del propósito y sus características. Se recomienda fotografiar cada colaborómetro para tener un indicador gráfico del avance de la cultura colaborativa de la comunidad.

Propósito y metas (valor social, valor de conocimiento y valor de cambio o uso)

La declaración y alineación del propósito debe cubrir tres niveles en la comunidad[57]:

– **Valor social:** entre los objetivos propios de los equipos (apoyos mutuos y ayuda entre las personas del equipo).
– **Valor de conocimiento:** entre las expectativas de las personas en relación con las experiencias y saberes (conocimientos específicos, liderazgo, etc.).
– **Valor de uso:** entre los objetivos o resultados de la organización (económicos, de negocio, de innovación, etc).

Es clave para el propósito establecer las metas para cada uno de los tres niveles de valores, ya que favorecerá que el propósito mantenga el rumbo y las personas o la propia comunidad no se pierda en su objetivo. Establecer las

metas es un buen cable a tierra, ya que las cualidades culturales e ideales definen un marco más general de actuación. En cambio las metas generan foco en la acción.

Como se indicó anteriormente, el propósito evolucionará y se transformará en el tiempo, así como también las metas en los tres niveles, los cuales siempre deberán estar en revisión y adaptación.

Tomaremos como ejemplo el caso de un colectivo cultural[58] que funciona como empresa social. El colectivo viene trabajando para fortalecer una estructura de trabajo en red colaborativo. De esta forma, han desarrollado espacios interesantes para medir y trabajar los tres tipos de valores (Valor Social, de Conocimiento y de Uso).

Respecto del Valor Social, se juntan periódicamente en una reunión dedicada sólo a conversar y resolver temas relacionales, generando una agenda temática vinculada a los Sistemas de Aprendizaje en modo 1 y 2 (SA1 y SA2). Es allí, donde aparecen temas que incomodan a las personas o reconocen que éstos afectan su valor social. Cada semana se reúnen para trabajar sobre aquella agenda de temas en torno al valor social.

---

57. Consultar glosario y webgrafía: Entrevista Jordi Martí.
58. Consultar glosario y webgrafía: Quito Eterno.

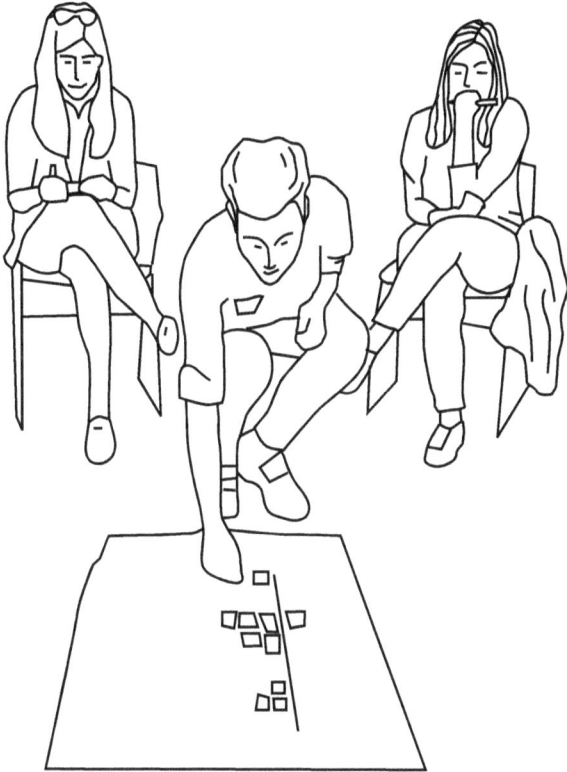

"Animómetro para medir los estados
de ánimo de las personas"

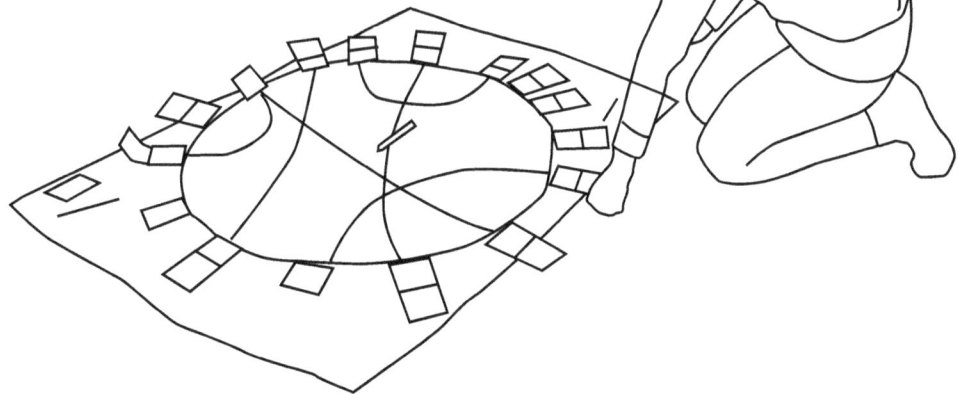

Desde tejeRedes recomendados utilizar, tanto al inicio como al término de una reunión de valor social, el Animómetro[59] o CLEHES Mood[60] con objeto de medir los estados de ánimo en torno al CLEHES. La idea es auto-observarse y examinar al equipo.

También recomendamos desde tejeRedes desarrollar, cada cierto tiempo (2, 4 o 6 meses), el Enredómetro[61] del tejido social para averiguar los grados de interconexión (interpersonal o grupal) o sus falencias.

"Enredómetro del tejido social para observar
los grados de interconexión de las personas"

59. Consultar glosario y webgrafía: Animómetro.
60. Consultar glosario y webgrafía: CLEHES Mood.
61. Consultar glosario y webgrafía: Enredómetro.

Otra tecnología social que recomendamos es el Tendero Social[62] el cual permite diariamente visualizar necesidades y ofertas respecto de algún tema o verificar los agradecimientos de las personas.

El Enredómetro, así como la agenda, el Animómetro y el Tendedero Social (fotografiarlo semana a semana), son mecanismo e indicadores visuales para dar cuenta del valor social.

Para desarrollar el Valor de Conocimiento, las personas de la organización cultural comparten y trabajan semanalmente -a través de distintas acciones como talleres de trabajo artístico- con objeto de mejorar y desarrollar los personajes de los recorridos culturales. Desde tejeRedes, recomendamos utilizar el

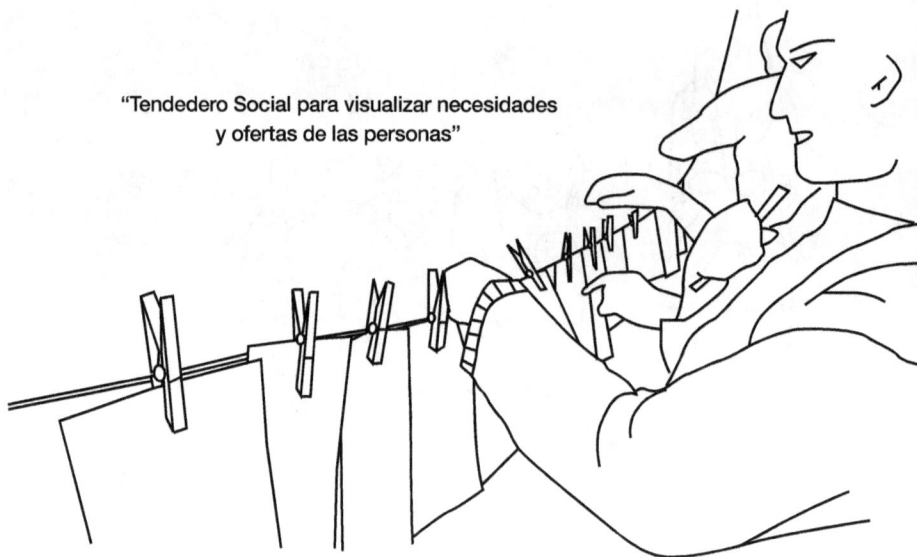

"Tendedero Social para visualizar necesidades y ofertas de las personas"

Enredómetro[63] de saberes, cada cierto tiempo o periodo (2, 4 o 6 meses), para mapear y compartir los conocimientos y experiencias de un equipo o grupo.

Tanto las reuniones o talleres para trabajar conocimientos y experiencias -así como el Enredómetro (fotografiarlo)- son mecanismos e indicadores visuales que dan cuenta del trabajo sobre el valor de conocimiento.

Para desarrollar el Valor de Uso, generalmente las comunidades de emprendedores, equipos u organizaciones definen una serie de indicadores en relación con los clientes, proyectos, facturación, etc. Para ello,

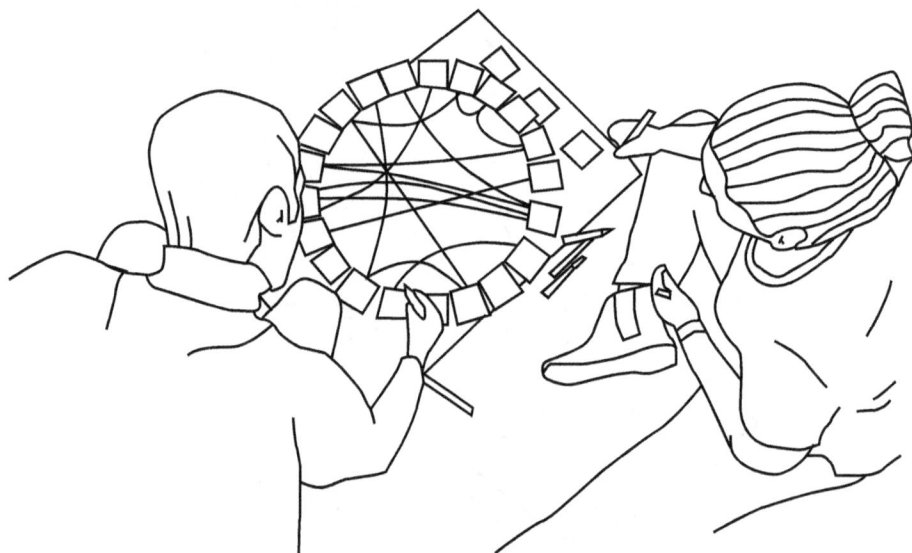

"Enredómetro de saberes para mapear y compartir los conocimientos entre las personas"

---

62. Consultar glosario y webgrafía: Tendero Social.
63. Consultar glosario y webgrafia: Enredómetro.

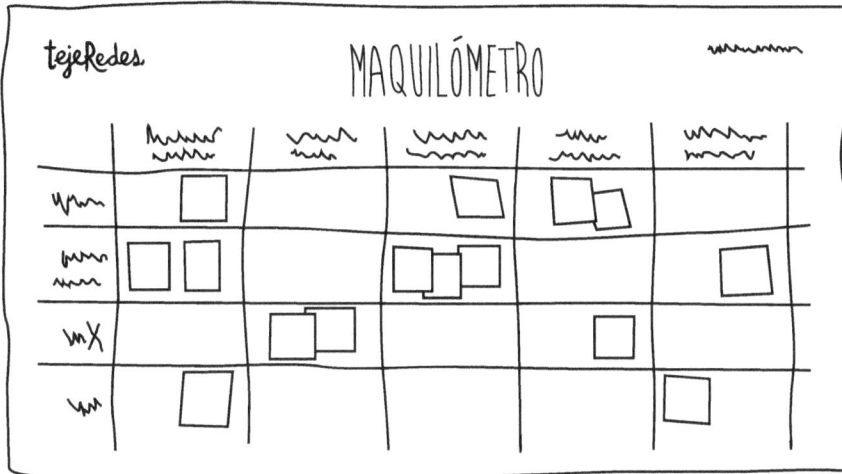

"Maquilómetro para conocer el estado de los proyectos entre las personas"

Desde tejeRedes recomendamos, utilizar el Enredómetro[63] de iniciativas cada cierto tiempo o período (2, 4 o 6 meses) para mapear y compartir los proyectos e iniciativas (en desarrollo y por concretar), pero filtrando, al mismo tiempo, aquellos que mayor interés despiertan.

Las reuniones de gestión de proyectos, el Maquilómetro (fotografiarlo) y el Enredómetro de iniciativas (fotografiarlo), son mecanismos e indicadores visuales para graficar el trabajo de valor de uso. También se recomienda mantener al día los indicadores de facturación, clientes, proyectos, etc.

En los próximos capítulos, veremos cómo trabajar el propósito y mantenerlo en constante revisión y transformación según sea el devenir de la comunidad.

se realizan diversas reuniones (a veces sin estructura) para mejorar esos indicadores. Sin embargo, pocas veces se obtienen dividendos debido a la falta de metodologías que aseguren una gestión respecto al valor de uso.

En el caso del colectivo cultural (anteriormente señalado) lograron desarrollar su propia tecnología social, llamada Maquilómetro, la cual permite conocer el estado de los proyectos, el involucramiento (traducido en horas de trabajo), las urgencias, temas pendientes, etc.

Desde tejeRedes hemos adoptado y adaptado el Maquilometro[64], entendiendo que es una buena práctica para analizar los diferentes elementos bases que repercuten sobre el valor de uso de la organización y, en particular, sobre los indicadores económicos. Se puede observar el Maquilómetro. Se recomienda realizar una reunión semanal para su análisis y gestión.

"Enredómetro de iniciativas para mapear y compartir inicitivas/proyectos entre las personas"

---

63. Consultar glosario y webgrafia: Enredómetro.
64. Consultar glosario y webgrafia: Maquilometro.

CAPÍTULO 14. ROLES Y ACTORES EN LA COMUNIDAD

Ya hemos hablado que las personas no son todas iguales. No sólo porque tienen distintos oficios, profesiones o gustos, sino porque asumimos diferentes roles o actividades en un equipo de trabajo.

De esta manera hay personas que tienen mejores aptitudes para liderar o articular, otras para ejecutar su trabajo al detalle o reflexionar y otras para polinizar ideas o conseguir clientes. De esta forma, las personas con el mismo CLEHES pueden cambiar de roles en una misma comunidad y entre comunidades distintas.

Es importante aclarar que una persona puede tener un rol o varias combinaciones de roles en una comunidad. Usaremos como mecanismo de asociación las características de Participantes y Articuladores para clasificar los roles y actores.

Consideramos Participantes a aquellos roles que existen y le dan vida a una comunidad. Sin la combinación de ellos, los procesos, para dar forma y acción al propósito, no se consiguen.

Los Participantes se relacionan con los siguientes roles: liderar (Leones), trabajar (Hormigas), estrategizar (Osos), polinizar (Abejas) y cuidar y cultivar la astucia (Zorros) en la comunidad.

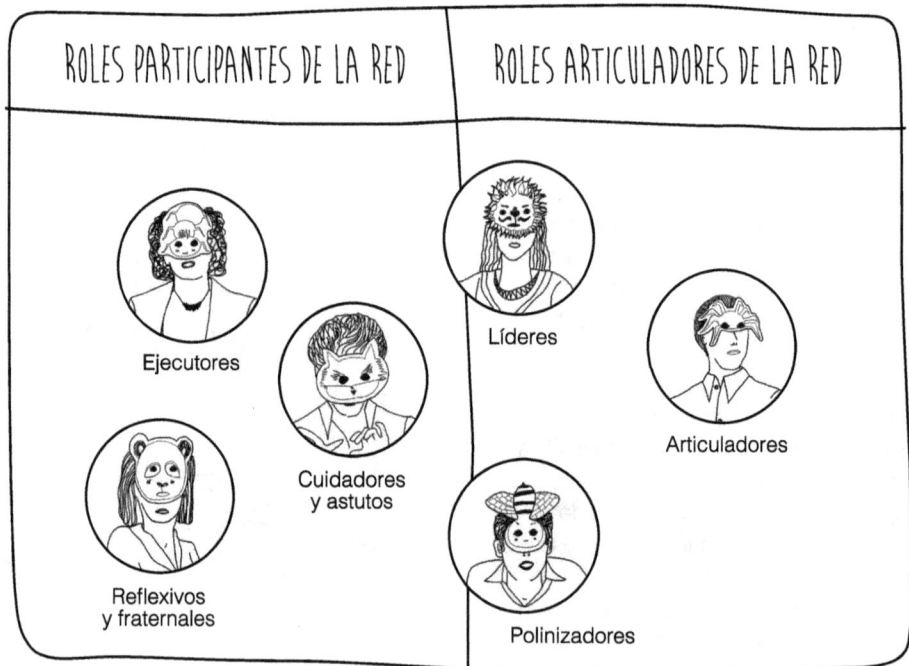

ROLES PARTICIPANTES DE LA RED

Ejecutores

Reflexivos y fraternales

Cuidadores y astutos

ROLES ARTICULADORES DE LA RED

Líderes

Articuladores

Polinizadores

Por otro lado, ya hemos hablado del Articulador, el cual promueve que los CLEHES o Participantes de una red dancen en las conversaciones. Además, tienen relación directa con las Arañas de la comunidad.

El desarrollo de estos roles (de tejeRedes[65]) entrega un aporte a una amplia bibliografía[66] sobre el tema. Lo importante es identificar y promover el desarrollo de diferentes roles que se complementan en las comunidades. A continuación, describiremos los 6 roles identificados en las personas, pero comparando sus características entre un sistema emergente o no tradicional (colaborativo) y un sistema tradicional (jerárquico).

Nota: Es importante advertir que, en una comunidad colaborativa, pueden emerger personas con características de gestión más jerárquica. Y puede ocurrir al revés, es decir, que en un sistema jerárquico nos encontremos con personas y comunidades que funcionen con características colaborativas.

Articuladores (Arañas)

El rol de la Araña es fundamental. Sin tejedores o Articuladores, la red y la comunidad no existen. Son claves para juntar personas y formar equipos de trabajo dentro de la comunidad.

Sistema de articulación no tradicional (colaborativo)

Las Arañas regulan y monitorean las conversaciones de las personas. Saben quién se une con quién en la red en torno a la comunidad. Además, tienen la sensibilidad para reconocer las características de las personas (CLEHES) y juntarlas. Los tejedores son Articuladores por naturaleza, tienen un alto sentido social y conexión con lo humano. Las Arañas, trabajan dentro de la comunidad y sus redes. Operan el sistema y sus lazos.

Las Arañas se sienten comprometidas con la red, la promueven, vinculan nuevos y antiguos participantes, tienen una clara visión de lo que pasa en ella y cómo se va configurando. La Araña debe tener un eros o capacidad de generar fraternidad muy desarrollada para juntar a los individuos y seducirlos tras un trabajo en equipo colaborativo. El rol de las Arañas no es solitario, va acompañado del León, la Hormiga o la misma Abeja.

Sistema de articulación tradicional (jerárquico)

Aunque mantienen parte de las características anteriores, el accionar de la Araña se ve envuelto por el ego. Aquello, es impulsado por la necesidad y el poder de articular equipos de trabajo definidos en el organigrama. Ejerce su mando a través de comunicaciones estratégicas y operativas pre-diseñadas por unos pocos o por la alta dirección de la comunidad.

Cuando la Araña ve que el equipo de trabajo sigue las instrucciones al pie de la letra o genera acciones que van más allá de lo esperado, se siente feliz y realizada. Por el contrario, si el equipo no cumple, viene el desánimo, la apatía y comienza a dictar reglas que permiten controlar las acciones y movimientos del equipo. El diagnóstico será: no se cumplen las metas o los acuerdos porque el equipo está descontrolado. Generalmente, el rol de la Araña en una comunidad jerárquica se asocia al jefe de área, proyecto, equipo, etc.

---

65. Hemos utilizado las referencias de diferentes personajes: Leones, Arañas, Hormigas, Osos, Abeja y Zorros para facilitar las lecturas de las características en los roles.
66. Consultar glosario y webgrafía: Análisis de roles de trabajo en equipo: un enfoque centrado en comportamientos.

Líderes (Leones)

El rol del León es orientar y guiar a las personas en una comunidad.

Sistema de articulación no tradicional (colaborativo)

Los Leones impulsan constantemente a los partícipes de la comunidad para que se mantengan activos en torno al propósito. Se encargan de motivar (cuando corresponde), coordinan y entregan recomendaciones. Tienen una alta habilidad empática con los demás participantes. Los Leones tienen una historia y experiencia larga. Se les reconoce por su capacidad de seducir y lograr embarcar a las personas en una aventura.

En una comunidad pueden existir varios Leones (compartiendo el liderazgo). Además, ser León y Abeja o León y Araña, son mezclas compatibles y necesarias para impulsar una comunidad colaborativa y distribuida a la vez. Los Leones deben tener necesariamente algo de Oso: ser reflexivos en las decisiones para lograr la sostenibilidad o sustentabilidad de la comunidad.

Sistema de articulación tradicional (jerárquico)

Se mantienen las características anteriores, pero cuando un líder asume su poder desde el organigrama puede generar temor. Un líder con estas características de mando emerge cuando el equipo no está conectado con el propósito de la organización. El problema es que aunque el León direcciona a las personas en sus trabajos y tareas (puede ser un buen guía desde la jerarquía) al momento de buscar sinergias de trabajo en equipo, las conversaciones pasan por su consentimiento centralizadamente.

Por otro lado, si es un líder que no tiene claro el horizonte, puede que lleve a las personas, al equipo y a la comunidad al precipicio. Sin embargo, siempre existirá una persona que entregue el aviso de emergencia antes de caer.

Un León se siente feliz cuando el equipo llega a la meta o cumple sus objetivos. Su ego se inflará y fanfarroneará respecto a ello. Pero si las cosas no salen bien, rugirá y pedirá explicaciones a terceros por los malos resultados (nunca será el responsable). Además, modificará personas y equipos para mejorar el trabajo. De igual forma, se sentirá desanimado y puede que sólo en la intimidad. Generalmente, el rol de León en una comunidad jerárquica se asocia al director de la organización, área, etc.

Polinizadores (Abejas)

El rol de Abeja requiere de una sensibilidad especial para relacionarse con las personas y leer entre líneas las informaciones y conversaciones que circulan dentro o fuera de la comunidad.

Sistema de articulación no tradicional (colaborativo)

Las Abejas circulan por toda la organización y son capaces de vincularse con cada persona en la estructura colaborativa. Son curiosas, sociables, inquietas, transportadoras y comunicadoras de información. Las habilidades de las Abejas son usadas para observar movimientos y polinizar personas -promoviendo la novedad y diversidad- para que éstas se muevan al ritmo de la comunidad.

Las Abejas siempre entran y salen, se alejan y vuelven, e incluso viajan más allá de los círculos de confianza de la organización. Están explorando y mirando fuera del propio ecosistema con objeto de mover nuevos nodos o personas a la red. También nutren con innovaciones y visiones a los actores que se encuentran en los espacios de confianza.

Sistema de articulación tradicional (jerárquico)

La Abeja en un sistema jerárquico conserva con matices las características anteriores, pero al pertenecer a estructuras que se mantienen por el valor del poder en el organigrama, se manejan con mucho sigilo (para estar arriba). Esto lo consiguen siendo muy habilidosas para mantener conversaciones donde pocos acceden y toman decisiones en torno a información clave.

La Abeja es buena conectando y transmitiendo mensajes en los sistemas jerárquicos, es decir, entre la parte alta del organigrama y la parte inferior. Le gusta este rol y no deja espacio para que otras personas escalen, ya que no quiere perder su ventaja. Cuando la Abeja siente el peligro o su ego la confunde, es capaz de guardar o generar información distorsionada para que otros no tengan ventajas sobre ellas o para evitar que terceros accedan a las conversaciones de poder.

Al salir fuera de la organización, la Abeja escoge con pinzas la información que poliniza (a otras personas y organizaciones) en torno a la jerarquía, cuidando siempre tener una ventaja en los círculos de poder. Generalmente, el rol de Abeja, en una organización jerárquica, se asocia a los asesores de directores, jefes de área, etc.

Cuidadores y astutos (Zorros)

El Zorro se caracteriza por cuidar la comunidad, protegiéndola de otros roles que pueden fragmentarla o aprovecharse de ciertas situaciones. También, identifican oportunidades y se mimetizan con el medio para canalizar esas oportunidades (negocios).

Sistema de articulación no tradicional (colaborativo)

Los Zorros son astutos, visionarios y experimentados. Muchas veces, y a pesar de estar en la comunidad, se hacen notar poco y son solitarios al momento de actuar. Generalmente, no se les reconocen sus acciones, a pesar de que en todo momento trabajan silenciosamente para que la colaboración fluya y genere beneficios para todas las personas de la comunidad.

Este rol tiende a confundirse con los Leones, Arañas y hasta con las Abejas, pero los Zorros son menos visibles que los roles anteriores y siempre están en alerta, observando el movimiento de personas al interior y exterior de la comunidad. Además, los Zorros deben tener necesariamente algo de Oso: reflexivos para alimentar su astucia y visión con base en sus experiencias.

Sistema de articulación tradicional (jerárquico)

Los Zorros, en general, mantienen las características anteriores en un sistema jerárquico, pero trabajan en comunidad mientras ellos se sientan beneficiados. A los Zorros no les importa mucho el poder o las relaciones de las personas, porque saben que ellos tiene la llave. Los Zorros protegen o cuidan a la comunidad mientras ellos se sientan cuidados y protegidos. A veces se confundirá su labor loable con la expresión propia de sus egos (como cortinas de humo).

No les interesa nada más que obtener beneficios propios y si dejan de percibirlos abandonan la organización o crean estructuras paralelas para conseguirlos por una tercera vía. Generalmente, el Zorro en una comunidad jerárquica se asocia a los comerciales o product manager, etc.

Reflexivos y fraternales (Osos)

Los Osos son hábiles estrategas que generan pausas muy necesarias en una comunidad y cumplen el rol de observar, reflexionar y generar fraternidad dentro de la misma.

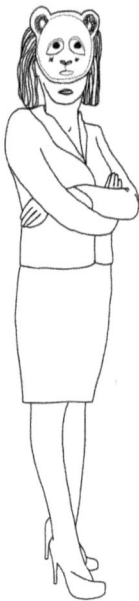

Sistema de articulación no tradicional (colaborativo).

Los Osos son pasivos, equilibrados, se encargan de poner paños fríos, son conciliadores y relajados. Los Osos son aquellos que cuando, el resto de las personas de la organización cree tener resuelto un tema, levantan la mano para hacer notar lo invisible.

Además, los Osos son grandes generadores de fraternidad. Nos relajan con un abrazo o nos invitan a conversar para escucharnos y/o aconsejarnos. Las Arañas, Leones, Abejas, Zorros y, en cierta medida, las Hormigas tienen las características de los Osos, ya que de lo contrario, nunca observarían la historia ni operarían en el silencio para reflexionar.

Sistema de articulación tradicional (jerárquico)

Los Osos mantienen las características anteriores en un sistema tradicional, pero como son más lentos que el resto, tienden a aburrirse. Se transforman en seres perezosos si la organización es unidireccional y monótona. El Oso, en estos casos, se transforma en alguien que estorba, que genera rechazo o es negado por las personas de la organización, porque se entiende que no aporta o no desarrolla actividades importantes. Sobre todo, será la fuente de queja de Hormigas y de otros roles que tienden a compararse desde el ego. Generalmente, el rol de Oso en una comunidad jerárquica se asocia a los directores de estrategia, etc.

Ejecutores (Hormigas)

El rol de la Hormiga es ejecutar y trabajar para cumplir y desarrollar productos, servicios y/o proyectos. Las Hormigas tienen una historia de trabajo y esfuerzo.

Sistema de articulación no tradicional (colaborativo)

Las hormigas se caracterizan por conocer muy bien el trabajo que realizan y se convierten en referentes por ser prolijas en sus labores. Tienen actividades específicas y comprenden que son parte fundamental de la comunidad. Las Hormigas colocan su cuerpo y corazón para que la comunidad sea viable en lo económico y social.

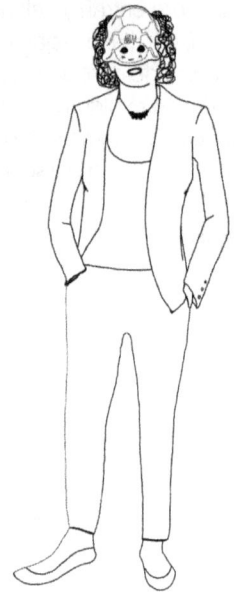

Generalmente, las Abejas, Leones y Arañas se combinan con el rol de Hormigas. Si no fuese así, no podrían entender la comunidad y menos darle valor. Muchas veces es deseable que las Hormigas tengan un grado de Abejas, Leones o Arañas y hasta de Osos, sobre todo si trabajan en equipo.

Sistema de articulación tradicional (jerárquico)

Como en los otros casos, la Hormiga mantiene sus características en un sistema más tradicional o jerárquico, pero en estas circunstancias intentará destacar su trabajo por sobre el resto de las personas de la organización. En otras ocasiones, se quejará de la cantidad de trabajo y dirá que no recibe el reconocimiento que se merece, especialmente, en lo económico.

En muchos casos, la Hormiga toma su trabajo como una competencia sobre el resto. En otros, es la Hormiga la que busca, pide y reclama horas extras para mostrar que es muy productiva (pero en el fondo no lo es tanto). También tiende a estresar el sistema, cuando sus reclamos y comparaciones son constantes en torno a las personas que trabajan con ella. Generalmente, el rol de Hormiga en una comunidad jerárquica se asocia a los operarios, técnicos, etc.

Lado A y B de los participantes y articuladores de la comunidad

Se sabe o se sospecha que cualquier persona puede cumplir, a veces, roles "no positivos". Es decir, independiente que estén en el sistema colaborativo o jerárquico, siempre los egos pueden ser fuente de conflicto.

Los egos se dan con mayor facilidad en los sistemas tradicionales o jerárquicos. Nuestra biología (independiente de nuestras creencias o en las comunidades donde participamos) se activa de una forma u otra. Por ejemplo, muchas veces estará condicionada por el sistema educacional (tradicionalmente jerárquico) que en la mayoría de los casos promueve la competencia y el individualismo.

A continuación, presentaremos un resumen de los Lados A (colaborativos o colectivo) y B (jerárquico o Individualista)

	Rol	Lado A (colaborativo o colectivo)	Lado B (jerárquico o Individualista)
	Articuladores (Arañas) Nota: Pasan mucho entre el interior y exterior de la comunidad	Son generadoras de conexión y tejen conversaciones para que las personas formen equipos de trabajo	Puede morder y envenenar o unir personas o perfiles en equipos equivocadamente
	Líderes (Leones) Nota: Pasan mucho entre el interior y exterior de la comunidad	Son inspiradores y orientan para que los equipos y la comunidad trabajen en torno al propósito	Puede utilizar su liderazgo para hacer sentir débiles a otros miembros de la comunidad (perdiendo su verdadero rol de liderazgo)
	Ejecutores (Hormigas) Nota: Pasan mucho al interior de la comunidad	Son los que desarrollan las labores y permiten que el equipo concrete su propósito	Pueden usar su laborioso espíritu para desorganizar y crear conflictos dentro de la comunidad
	Reflexivos y fraternales (Osos) Nota: Pasan mucho al interior de la comunidad	Son los que permiten reflexionar estrategias. Generan la fraternidad para la cohesión de los equipos y la comunidad	Puede terminar siendo un lastre que hay que cargar por su "pereza"
	Cuidadores y astutos (Zorros) Nota: Pasan mucho en el exterior de la comunidad	Son los que saben donde están las oportunidades para la comunidad y la protegen de quienes quieren aprovecharse	Pueden ocupar su astucia para intereses personales
	Polinizadoras (Abejas) Nota: Pasan mucho en el exterior de la comunidad	Son las que buscan información y conexiones y consiguen que éstas se transformen en nuevas oportunidades (e innovación) para la comunidad	Puede usar su lanceta o polinizar información no adecuada con personas que no corresponden

Si se activan permanentemente los lados B, es posible que ciertas personas de la red pasen a ser destructoras del ecosistema, promoviendo que la comunidad se fragmente y/o quede a la deriva. También puede ocurrir que se polarice la comunidad y, por ende, se formen pequeños caudillos que no promuevan un buen quehacer. Lo anterior, hace que corran rumores, lo que dificulta espacios para la conversación y la solución de conflictos.

Desde tejeRedes recomendamos, para realizar un mapa organizacional y de roles, utilizar el Confianzómetro[67] cada cierto tiempo o periodo (2, 4 o 6 meses). Ello permite que un equipo pueda realizar una evaluación de roles en 360 grados y conversar sobre la implicación de las personas en relación con el equipo y propósito.

Es interesante saber qué combinación de roles y nivel de implicación sienten las personas de la comunidad. Pero también, es importante conocer cómo lo observan los miembros o compañeros del equipo. Por eso, se habla de una evaluación en 360 grados, ya que todos los integrantes del equipo valoran los perfiles de cada persona.

Esta evaluación o mapa del Confianzómetro se puede realizar tanto en los sistemas más colaborativos como en los jerárquicos. Realizar esta evaluación ayuda a conocer si las personas están actuando más colaborativa o jerárquicamente. También, permite averiguar si las personas están variando de roles en la organización. Además, faculta a que las personas reconozcan qué temas desean desarrollar y cuáles son las acciones a reforzar o mejorar.

Se recomienda fotografiar cada Confianzómetro para tener un indicador gráfico del avance en torno a los roles e implicación en la comunidad.

"Confianzómetro para que el equipo pueda realizar una evaluación de roles y conversar sobre la implicación de las personas"

67. Consultar glosario y webgrafía: Confianzómetro.

CAPÍTULO 15. ESTRUCTURAS DE RED EN LAS ORGANIZACIONES

Como señalamos anteriormente, las estructuras organizacionales dan cuenta de topologías (centralizadas, descentralizadas y distribuidas) y de geometrías (circularidad, triangularidad o bi-direccionalidad). Unas y otras combinadas dan cuenta de estructuras organizacionales con características jerárquicas o colaborativas.

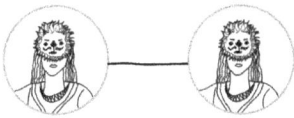

Lineales

Circulares

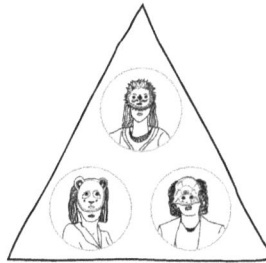

Triangulares

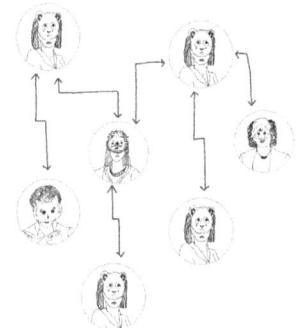

Burocráticas

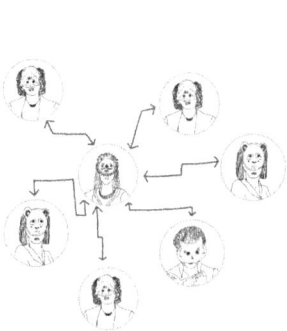

Centralizadas

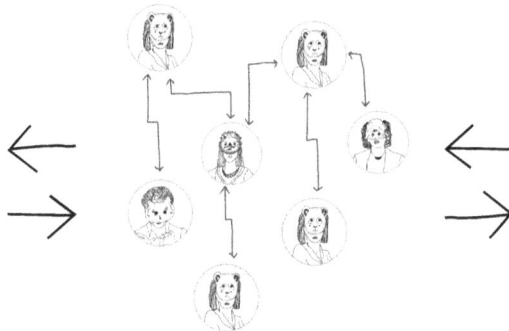

Descentralizadas

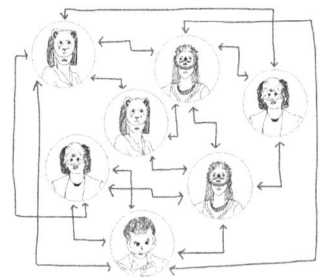

Distribuidas

ESTRUCTURAS DE RED EN LAS ORGANIZACIONES

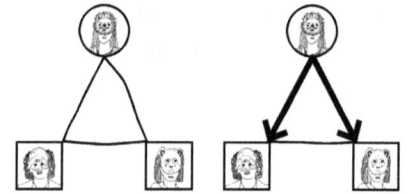

Estructuras organizacionales jerárquicas
Centralizada
Descentralizada

Estructuras organizacionales colaborativas

Sistemas de articulación organizacional
Jerárquico - Semi-centralizado
Jerárquico - Semi-descentralizado
Colaborativo - Semi-distribuido

Líder (León)

Ejecutores (Hormigas)

Reflexivos y fraternales (Osos)

Polinizadores (Abejas)

Cuidadores y astutos (Zorros)

Estructuras organizacionales jerárquicas

Los sistemas jerárquicos se representan, en la mayor parte de las organizaciones, a través de organigramas piramidales. Este tipo de estructuras responden a cadenas de mando centralizadas o descentralizadas y geometrías triangulares aisladas (sin circularidad y con unidireccionalidad comunicacional). En los sistemas jerárquicos pueden existir dos figuras clásicas de estructuras organizacionales dependiendo si las conversaciones son centralizadas o descentralizadas.

Estructura organizacional jerárquica - centralizada

Existen cuando el poder y la comunicación se concentra en una sola persona. Como se observa en la figura, las líneas negras marcan el flujo de

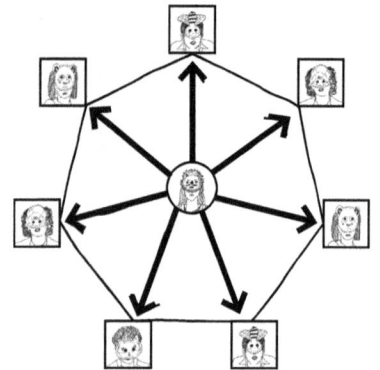

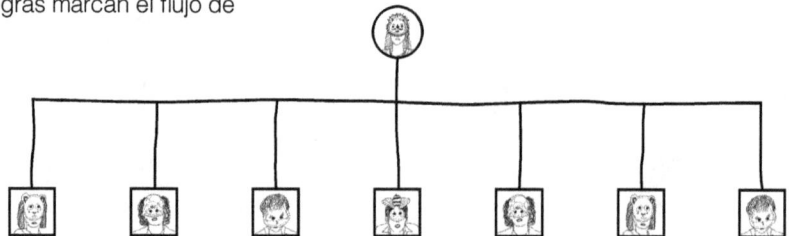

"Estructura organizacional jerárquica - centralizada"

conversaciones unidireccionales (entre el "nodo circular" central y los "nodos cuadrados" externos) y las líneas grises dibujan la figura de triángulos entre las personas de la organización. Todas las conversaciones y autorizaciones pasan por el mando que es representado por un "nodo circular" que ejerce control sobre los "nodos cuadrados".

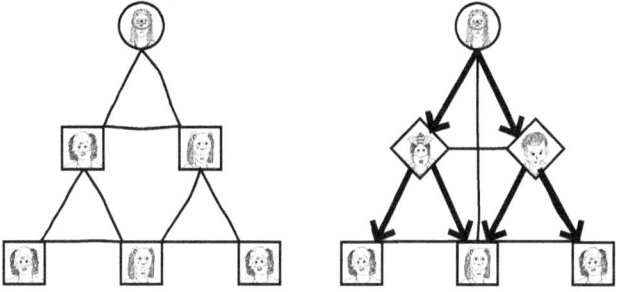

Si bien la explicación anterior es conceptual, en general estas realidades existen cuando la persona que centraliza las conversaciones presenta altos grados de ego y basa su gestión en el control y la reglamentación para obtener los resultados planificados y/o deseados por la organización. Son esquemas de gestión muy lineales que obedecen a culturas de trabajo muy tradicionales y basadas en esquemas taylorianos clásicos.

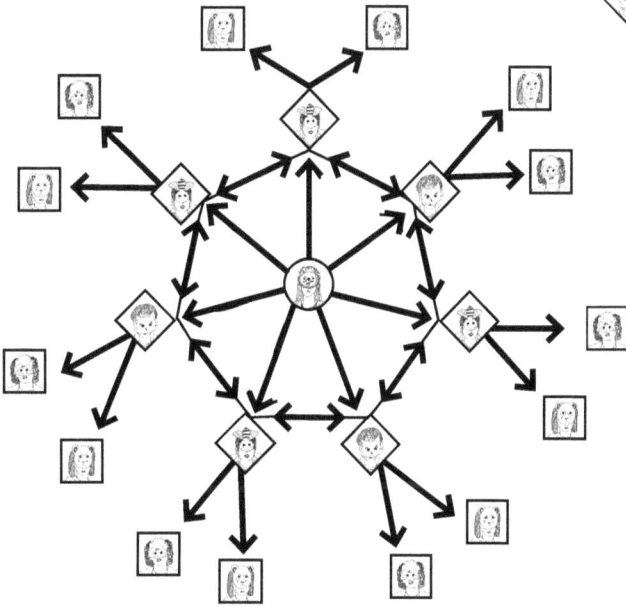

La figura clásica que representa esta estructura organizacional es un organigrama de primer nivel plano, en la cual existe un jefe y el resto cuelga de esa persona.

Estructura organizacional jerárquica - descentralizada

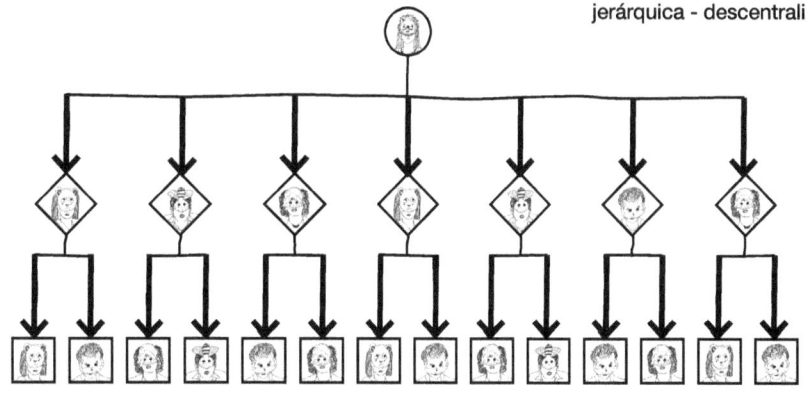

Existe cuando el poder y la comunicación se desconcentra de esa persona (debido al crecimiento de la organización y sus operaciones) y se centraliza en un grupo limitado. De todas maneras, los hilos de la organización continúan bajo un mismo individuo.

Como se observa en la figura, nuevamente las líneas negras marcan el flujo de conversaciones de mando unidireccional y las líneas grises las formas triangulares (que

Líder (León)

Ejecutores (Hormigas)

Reflexivos y fraternales (Osos)

Polinizadores (Abejas)

Cuidadores y astutos (Zorros)

"Estructura organizacional jerárquica - descentralizada"

89

darán forma al clásico organigrama). Aquí todas las conversaciones y autorizaciones pasan por el "nodo circular", pero a la vez son necesarios "nodos rombos" que distribuyan las órdenes a los "nodos cuadrados" para que sean ejecutadas.

La explicación anterior, es cercana a la realidad diaria de las organizaciones tradicionales o clásicas: existe un gerente o director general, gerentes o directores de área (RRHH, Producción u Operaciones, Finanzas y Contabilidad, etc.) y la gestión se realiza normalmente con base al control y reglamentos.

La planificación se establece entre el "nodo circular" y los "nodos rombos", quienes desde una estructura de trabajo tradicional, se empeñan en cumplir los objetivos (exigiendo a los "nodos cuadrados"). La figura clásica que representa esta estructura organizacional es la de un organigrama de segundo nivel escalonado (triángulos sobre triángulos), donde existe un jefe, subjefes y después personas que dependen de los subjefes.

Estructuras organizacionales colaborativas

Es un tipo de estructura organizacional que se basa en la colaboración y distribución de los nodos. Generalmente, se dibuja con formas geométricas que configuran procesos conversacionales que circulan y triangulan bidireccionalmente y donde la voz de mando y poder (jerarquías) se diluye, dando paso, por ende, a la autoorganización, liderazgo y articulación colaborativa.

Por ello, en las estructuras colaborativas, tendremos principalmente una figura de estructura organizacional basada en la distribución de las conversaciones. Como se observa en la figura, a diferencia de las estructuras y flujos anteriores, las líneas en negro fluyen en distintas direcciones

de forma distribuida (todos los "nodos cuadrados" conversan con todos y existe un "nodo circular" que articula el proceso conversacional). Las líneas grises dibujan círculos, triángulos y líneas bidireccionales entre las comunicaciones dentro de la organización. Todas las conversaciones

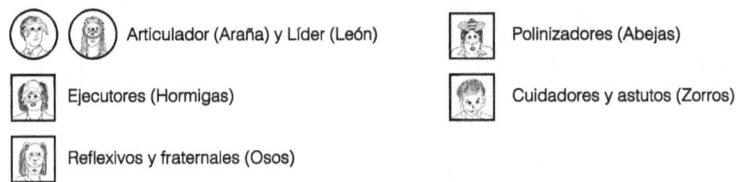

Articulador (Araña) y Líder (León)

Ejecutores (Hormigas)

Reflexivos y fraternales (Osos)

Polinizadores (Abejas)

Cuidadores y astutos (Zorros)

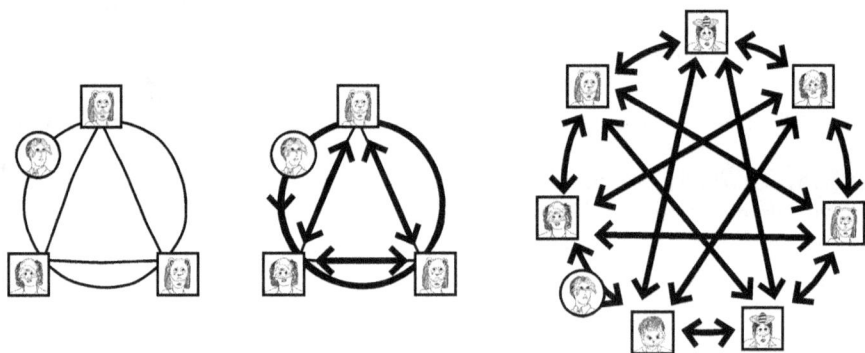

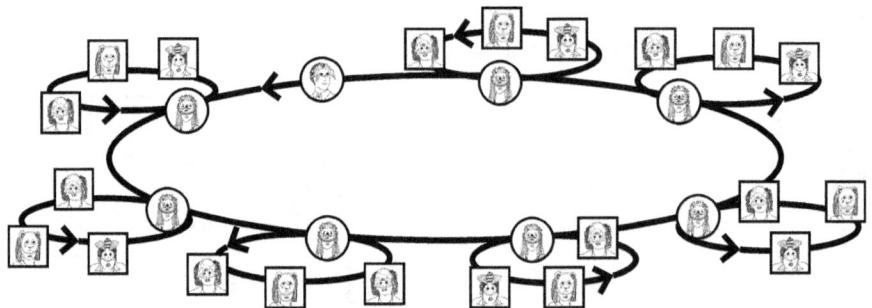

"Estructura organizacional colaborativa"

y decisiones son desarrolladas por el conjunto de nodos y tomadas por consenso por las personas del equipo.

Si bien la explicación anterior es conceptual (como las primeras), en general esta realidad ocurre cuando se busca que los equipos de trabajo o la organización desarrolle la auto-organización. El eje central de la gestión será la colaboración. Son esquemas de gestión muy horizontales que tienen culturas de trabajo poco tradicionales y emergentes, basadas en experiencias recientes de gestión en torno al espacio, tecnologías y sistemas de participación colaborativos.

La figura de esta estructura organizacional es representada por un círculo que se conecta a su vez con otros círculos y cuenta, además, con la presencia de un Articulador, líderes y personas que conforman diversos equipos de trabajo.

Estructura jerárquica v/s colaborativa

No podemos afirmar cuál estructura es mejor o peor que la otra. El tipo de estructura dependerá de las circunstancias, de las personas que forman los equipos y de la propia historia de la organización.

En la jerárquica siempre tendremos a una persona (centralizada) o un grupo reducido de personas (descentralizada) que establecen los criterios y decisiones. Por otro lado, tendremos personas que reciben o que ejecutan órdenes al final de la cadena jerárquica. En este caso,

las tensiones y problemas se acumulan principalmente en los nodos que concentran el poder.

En la medida en que el número de personas aumenta en una organización jerárquica, se vuelve más burocrática, con canales de comunicación más lentos y con barreras o llaves de pasos que dificultan las conversaciones formales (según el nivel en el que estén en el organigrama).

En una estructura colaborativa son las personas quienes cuidan las conversaciones entre los equipos (sin barreras). No existen niveles o personas que estén a la espera de órdenes. Al revés, todos acuerdan por consenso las tareas y acciones. En este caso, las tensiones y problemas se diluyen y, además, se asumen en conjunto. En la medida que el número de personas aumenta, es necesario mayor adaptación y tiempo para que las personas alcancen un buen ritmo en torno a la autoorganización.

Sistemas de articulación organizacional

Cuando hablamos de los sistemas de articulación organizacional nos referimos a la forma en que las personas de la organización (formal o informalmente) se estructuran, establecen roles y dinámicas para desarrollar su trabajo.

Establecer un sistema de articulación organizacional significa definir, en la práctica, la combinación de estructuras y roles. Como nos enseña la propia experiencia, nada es negro o blanco, ya

que las estructuras, finalmente, terminan conviviendo tanto con características jerárquicas como colaborativas. Claro está, que en algunos casos, será más acentuado un sistema de articulación más jerarquizado y en otros un estilo más colaborativo.

Desde esta perspectiva, tenemos tres sistemas de articulación organizacional:

– Sistema de articulación jerárquico - Semi-centralizado
– Sistema de articulación jerárquico - Semi-descentralizado
– Sistema de articulación colaborativo - Semi-distribuido

Estos sistemas de articulación organizacional se practican en la mayor parte de los casos, ya que -como señalamos anteriormente- los sistemas centralizados o descentralizados nunca son totalmente jerárquicos y tienen, por ende, prácticas colaborativas. Así mismo, los sistemas distribuidos tampoco son absolutamente colaborativos y tienen ciertos grados de centralización o descentralización jerárquica.

Sistema de articulación jerárquico - Semi-centralizado

Este sistema se caracteriza por mantener, en su base, la figura de relaciones jerárquicas y, por ende, una persona centraliza su conexión con todas las personas o nodos participantes del sistema. Pero a diferencia del modelo clásico ("estructura organizacional jerárquica - centralizada") los nodos participantes pueden conectar y conversar entre ellos, aunque siempre

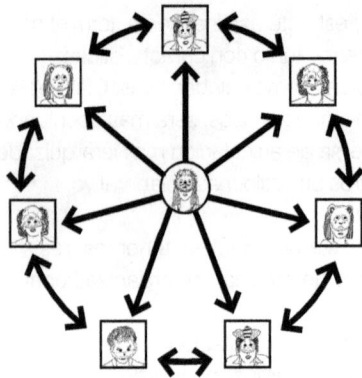

**"Sistema de articulación
jerárquico - Semi-centralizado"**

existe el nodo central que decide y termina controlando o regulando los flujos de conversaciones directas (ver figura).

Este es el típico caso de estructuras organizacionales pequeñas definidas por reglamentos internos (PYMES) o legales (Organización Pública del Estado muy específicas). Se designa un jefe o director y según las características personales y profesionales de éste, habrá grados de flexibilidad para que el sistema adquiera capacidades colaborativas y las personas trabajen en equipo.

Es el jefe o director quien formalmente autoriza las decisiones, pero (según su criterio) dará espacio para que esas decisiones o actividades se desarrollen co-creativamente en el equipo, generando un proceso de comunicación bi-direccional.

Este sistema necesita directores/jefes que ejerzan su jerarquía bajo la convicción de que el trabajo no dependa de una sola persona, sino de un equipo que aporta al

sistema colaborativamente. Por ello, confía que las personas pueden trabajar juntas.

De igual forma se necesita de personas que, por un lado, se identifiquen con los objetivos de la organización y, por otro, crean en la colaboración. Es decir, personas que, a pesar de las diferencias en la estructura formal (por ejemplo: grado de participación), en la jerarquía (por ejemplo: niveles de toma decisiones) o en los rangos (por ejemplo: rangos de sueldos), estén dispuestas a desarrollar una cultura colaborativa desde la informalidad.

El problema es que este estilo de gestión es muy frágil. En cuanto existe un cambio en el nodo central (jefe o director) o las tareas y metas no se desarrollan según lo esperado, el sistema se ve afectado y, por lo tanto, regresa de forma natural a una

gestión jerárquica, es decir, se vuelven a establecer reglas y procesos de decisión uni-direccionales.

**Sistema de articulación
jerárquico - Semi-descentralizado**

Las características de este sistema son muy parecidas al "semi-centralizado". La diferencia está en que no existe un único nodo que centraliza las decisiones y conversaciones. En este sistema existe una red de nodos descentralizados que permite que los diferentes nodos, independientes del nivel de jerarquía, se comuniquen entre ellos, estableciendo colaboraciones en un equipo o entre los equipos de trabajo.

Lo podemos observar en la siguiente figura:

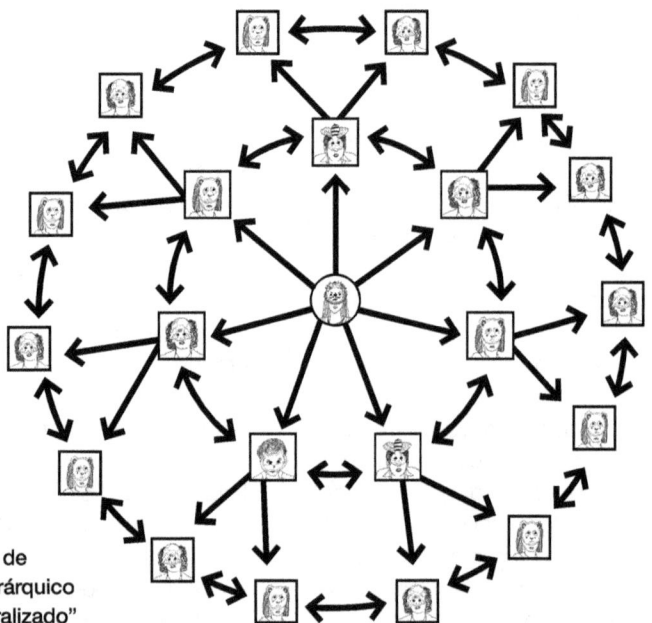

**"Sistema de
articulación jerárquico
Semi-descentralizado"**

Este es el caso de organizaciones que tienen un importante volumen de personas y trabajo y, por ende, necesitan áreas específicas y equipos que se coordinen con otras áreas de trabajo. En general, será necesario que el jefe o director -así como los jefes de áreas o equipos- estén sensibilizados y desarrollen prácticas internas y externas de trabajo en red colaborativo.

De esta manera, las empresas consiguen innovar, gestionar proyectos y promover la autogestión de equipos específicos, etc, pero sin afectar el organigrama y los niveles de poder de la organización. En el sector público es más difícil encontrar estos casos, ya que implica cambiar la estructura general (muy reglada). En dicho sector, es más factible encontrar el modelo de equipos específicos (semi-centralizado). El problema de este estilo de gestión es que necesita una fuerte inversión de tiempo y dinero para conseguir procesos de cambio organizacional. Esto significa diseño-readecuación-ampliación de nuevos espacios físicos, formación-implantación de metodologías para mejorar la gestión de innovación, planificación de proyectos, etc.

Además, a largo plazo, este sistema dependerá de que la cultura organizacional sea realmente modificada, es decir, corre el peligro de que los cambios que se consigan sean más bien cosméticos y no afecten al sistema de articulación jerárquico. De ocurrir aquello, el sistema se establecerá por bloques de poder y decisión y, por lo tanto, habrá poca horizontalidad para la planificación y toma de decisiones.

Sistema de articulación colaborativo - Semi-distribuido

Se caracteriza por mantener en su base relaciones colaborativas, equipos de trabajo horizontales y permite que las personas se involucren en la planificación y decisiones de la organización. Pero a diferencia del modelo teórico "estructura organizacional colaborativa (distribuida)",

en este sistema los nodos no están distribuidos al 100%, es decir, no todos están conectados con la toma decisiones.

Como se observa en la figura, si bien la mayoría participa de la planificación y operación de sus equipos de trabajo, son los líderes quienes representan a los equipos para la gestión diaria, con base en las planificaciones aprobadas

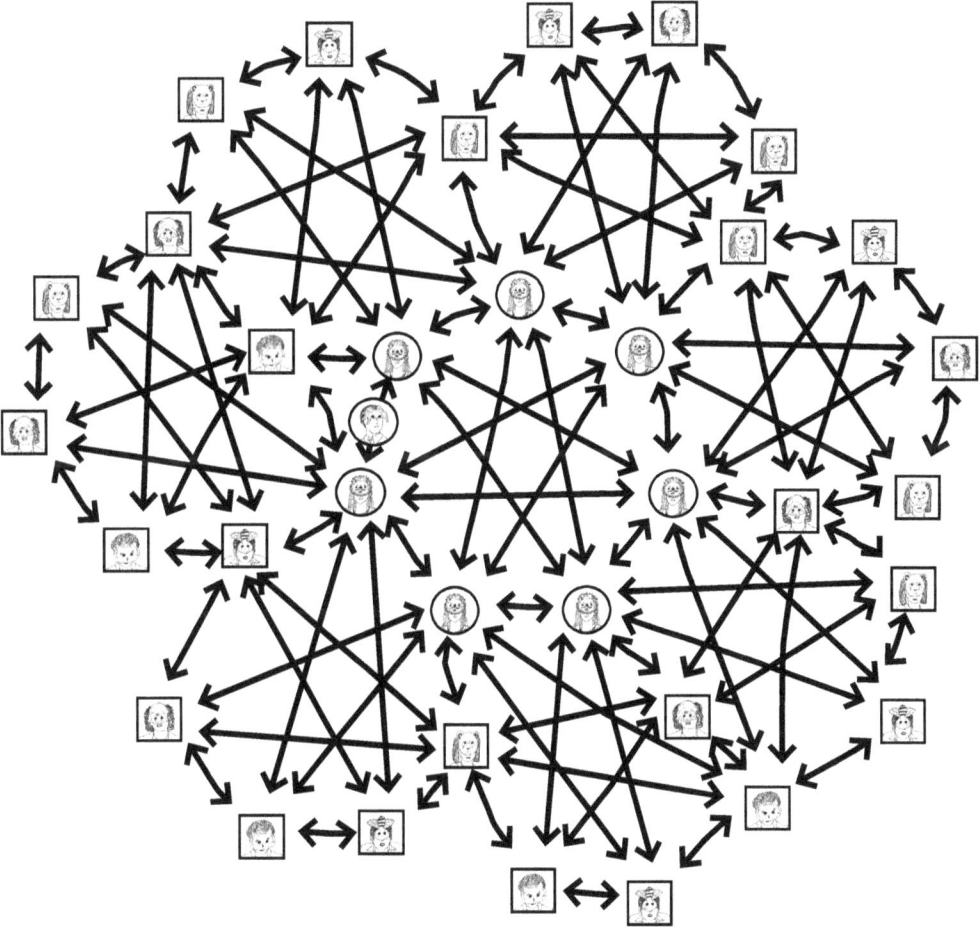

"Sistema de articulación colaborativo - Semi-distribuido"

en los procesos asamblearios. Este caso ocurre cuando las organizaciones deciden realizar un cambio de raíz. Existen organizaciones privadas y sin fines de lucro (de diferentes tamaños) que han decidido desarrollar este estilo de gestión, provocando cambios muy positivos y aumentando su capacidad en los negocios, en la autoorganización, etc. Algunos casos emblemáticos se encuentran en el País Vasco (a través de NerGroup) en donde distintas organizaciones adoptaron un "Nuevo Estilo de Relación" (NER).

En el modelo de articulación colaborativo semi-distribuido, se aborda (a diferencia del semi-descentralizado) el cambio de las reglas del juego que definen la articulación. Uno de los problemas que encontramos en este modelo, es que si no existe un trabajo constante de articulación en torno al sistema de articulación colaborativo las personas tienden a volver a las prácticas tradicionales (propio de su ADN educacional).

Por eso es importante consolidar la colaboración en el espacio físico, en el sistema de articulación de las personas y en las metodologías o tecnologías sociales. De esta manera, se consigue intensificar las relaciones sociales, el conocimiento y el valor económico de la organización junto con la cultura colaborativa.

"Prácticas en los modelos de toma de decisiones"

Prácticas en los modelos de toma de decisiones

Podemos observar que existen 3 modelos para la toma de decisiones en equipos de trabajo. Este análisis se realizó tomando como referencia el Proceso Caórdico[68] y las Estructuras de Red: Topologías (Centralizadas, Descentralizadas y Distribuidas) y Geometrías (Circularidad, Triángularidad y Bi-linealidad).

Decisiones del tipo centralizadas o jefaturas

Este es el caso más utilizado y ocurre cuando una persona o un grupo reducido planifica una serie de acciones (toma de decisiones). En este tipo de gestión, el equipo de trabajo meramente se informa de los temas, las metas a cumplir o los plazos de la misma. El mecanismo de articulación es muy simple: una persona cita a reunión y comunica las órdenes. Existe muy poco espacio para hacer observaciones, replicar o cambiar las tareas o metas planificadas.

Esta forma de gestión centralizada resulta positiva cuando el grupo de trabajo está muy desarticulado o está recién funcionando y, por lo tanto, no existe claridad en los temas o experiencia conjunta. Generalmente, se considera este tipo de gestión cuando el equipo de

---

68. Consultar glosario y webgrafía: Proceso caórdico.

trabajo navega en los límites externos del caos en el proceso caórdico. Este tipo de gestión se asocia también a estructuras organizacionales jerárquicas.

Decisiones del tipo Descentralizadas o Lobby

En este caso, se busca un consenso previo con cada una de las personas que están involucradas en la decisión. Aunque con antelación, una persona o un grupo reducido, definió un marco de referencia de planificación, metas, etc, se busca un consenso con el grupo de trabajo para negociar y adecuar las definiciones. El objetivo es que la mayoría esté de acuerdo con los planteamientos. En este esquema se pueden modificar las propuestas para buscar el consenso.

Esta forma de gestión descentralizada resulta positiva cuando un grupo de trabajo se conoce previamente y tiene experiencia, pero no necesariamente presenta altos grados de proactividad o liderazgo. Generalmente, se considera este tipo de gestión cuando el equipo de trabajo navega en los límites externos del control en el proceso caórdico, buscando centrar o encaminar la autoorganización. Este tipo de gestión se asocia mucho las estructuras organizacionales semi-jerárquicas.

Decisiones del tipo Distribuidas o colaborativas

En este caso se busca la co-creación. A diferencia de los modelos anteriores, aquí no existe una planificación o metas preestablecidas. Más bien el equipo de

trabajo tiene un marco de referencia con propósitos y valores muy claros.

Los Articuladores definen metodologías o prácticas a través de tecnologías sociales participativas para abrir conversaciones y definir planes y marcos de acción general y específicos. Los procesos de decisión son mucho más autoorganizados y se construyen desde las bases colaborativas del equipo de trabajo.

Esta forma de gestión distribuida tiene gran impacto cuando un grupo de trabajo busca tener un sistema de articulación basado en la colaboración, pero también en la construcción de confianzas y creatividad. Para ello, se necesitan liderazgos y personas proactivas que compartan sus conocimientos y experiencias y que, además, generen relaciones humanas fructíferas y busquen el desarrollo de un valor con impacto económico y social.

Generalmente, se considera este tipo de gestión cuando el equipo de trabajo navega en entre el caos y el orden del proceso caórdico, buscando fortalecer los procesos de autoorganización. Este tipo de gestión se asocia a estructuras organizacionales más distribuidas.

¿Qué modelo utilizamos?

No hay un modelo único de gestión para la toma de decisiones de equipos de trabajo. Por otro lado, estamos acostumbrados -por facilidad y por tendencias culturales- al tipo de gestión centralizada o jefatura. También por costumbre creemos que el modelo

más participativo es el lobby. Pero en la promoción de equipos en torno a decisiones colaborativas nos olvidamos diseñar espacios más propicios para compartir y facilitar la toma de decisiones co-creadas.

Se recomienda, según las circunstancias, utilizar los tres modelos. Sin embargo, es conveniente atender los procesos de colaboración. El modelo se puede elegir según las orientaciones que nos indique el proceso caórdico de nuestra organización. De esta forma tenemos tres alternativas claras:

– Si la organización está en el desorden del caórdico (más allá del caos) tenderá a centralizarse (jefatura) hasta volver al centro.
– Si la organización está en el control del caórdico (más allá del orden) tenderá a distribuirse (lobby) hasta volver al centro.
– Si la organización está en el centro del caórdico tenderá a colaborar.

CAPÍTULO 16. ESPACIOS Y TECNOLOGÍAS SOCIALES (PRESENCIALES/VIRTUALES)

Así como los seres humanos tenemos un cuerpo que nos contiene o casas que nos albergan, los equipos y las organizaciones o comunidades necesitan espacios que las contengan. De igual forma, los espacios estarán acompañados por tecnologías sociales presenciales, virtuales o híbridas que permitarán tejer conversaciones.

No se entienden los espacios sin las tecnologías sociales necesarias para que las conversaciones se desarrollen. Recordemos que nos ayudan, sobre todo, a filtrar y amplificar las complejidades de diferentes sistemas de actividad humana. Las tecnologías sociales las definimos como cualquier artilugio presencial o virtual que permite a los miembros de una comunidad tejer redes conversacionales.

Espacios

Los espacios van tomando forma según las conversaciones que las personas van teniendo de forma física, digital o híbrida. De esta manera, en el espacio quedan las huellas de las acciones que la comunidad ha desarrollado para compartir socialmente, generar conocimiento y valor de cambio o uso.

En el espacio se va escribiendo lo que llamamos la cultura de la comunidad. Por eso, es importante el diseño y los tipos de espacios que tenemos para que las personas desarrollen sus conversaciones e historias en torno al propósito. Los espacios lo hacen las personas, pero el propio espacio puede condicionar las acciones de éstas. Tenemos que aprender a crear espacios con buenos ambientes para conectar con otras personas. Es decir, nuestro equilibrio interior y la amabilidad que generamos con otros, condiciona gran parte del espacio[69].

El tipo y uso de espacios, sus formas, etc, condicionan y ayudan a que el sistema de articulación colaborativa fluya. El espacio es como un gimnasio que permite, por un lado, que las personas se sientan cómodas desarrollando sus actividades, y por otro, significa un lugar donde pueden practicar procesos colaborativos.

Por eso, el espacio es clave y tiene que conversar muy bien con las distintas características del sistema de articulación colaborativo. Si hablamos de colaboración, no podemos tener mesas u oficinas que marquen jerarquías o lugares donde sólo pueden acceder unos pocos según rangos de trabajo, etc.

Generar espacios de colaboración presenciales o digitales nutre el conocimiento y el aprendizaje[70]. Por ejemplo, la creatividad es una clave para que los equipos colaboren. Por lo tanto, es importante tener espacios adaptados para crear.

---

69. Consultar glosario y webgrafía: Entrevista Beatriz Lara.
70. Consultar glosario y webgrafía: Entrevista Elena Sánchez.

No hay un espacio único para todos los tipos de personas. Tampoco un solo espacio asegura que la colaboración o la innovación ocurra. De esta forma, el espacio condiciona la forma en que las personas se desenvuelven[71]. En un artículo sobre la experiencia de rediseño de los espacios de una gran empresa, se señala que: "los conceptos de apertura y transparencia se imponen en todos nuestros espacios: salas de reunión, puestos de trabajo y zonas informales[72].

Al momento de habilitar espacios colaborativos, éstos deben ir acompañados de un programa de adaptación cultural (de quienes hagan uso del mismo), ya que el cambio de hábitos colaborativos necesita integrar también el uso de tecnologías sociales y prácticas de trabajo en equipo.

Al momento de diseñar y habilitar los espacios para la colaboración, podemos definir en general (como base) tres tipos de espacios[73]:

– Espacios colectivos para el trabajo y compartir.
– Espacios para reuniones colaborativas o creativas.
– Espacios para conversaciones privadas o silencio.

Como se puede ver en la siguiente imagen, el Articulador cuenta con un mapa que le permite, junto a la comunidad, trazar el espacio, teniendo en cuenta, además, el diseño e implementación de las tecnologías sociales según tipologías (físicas, digitales e híbridas).

Espacios colectivos para el trabajo y compartir

Estos espacios los podemos combinar de tres formas:

– Espacios presenciales para el trabajo.
– Espacios virtuales para el trabajo.
– Espacios para compartir socialmente.

Espacios presenciales para el trabajo

Para desarrollar procesos colaborativos es importante tener espacios presenciales de trabajo común y colaborativo, sin diferencias de rango y flexibles para realizar diversas actividades (mesas, sofas, salas de reuniones, etc.). Al abrir los espacios y oficinas se rompe con el estatus. Ello permite también que las personas se escuchen y compartan conversaciones.

En varias empresas de NERGroup[74], se reacondicionaron los espacios de los equipos de gestión y producción. En el primero, se juntaron los escritorios o espacios según círculos de trabajo y de esta forma se logró que las personas compartieran más, tomarán decisiones y se involucrarán rápidamente en los temas y decisiones que necesitaban colaboración. En la parte de producción, según los layout de las empresas, se intenta que

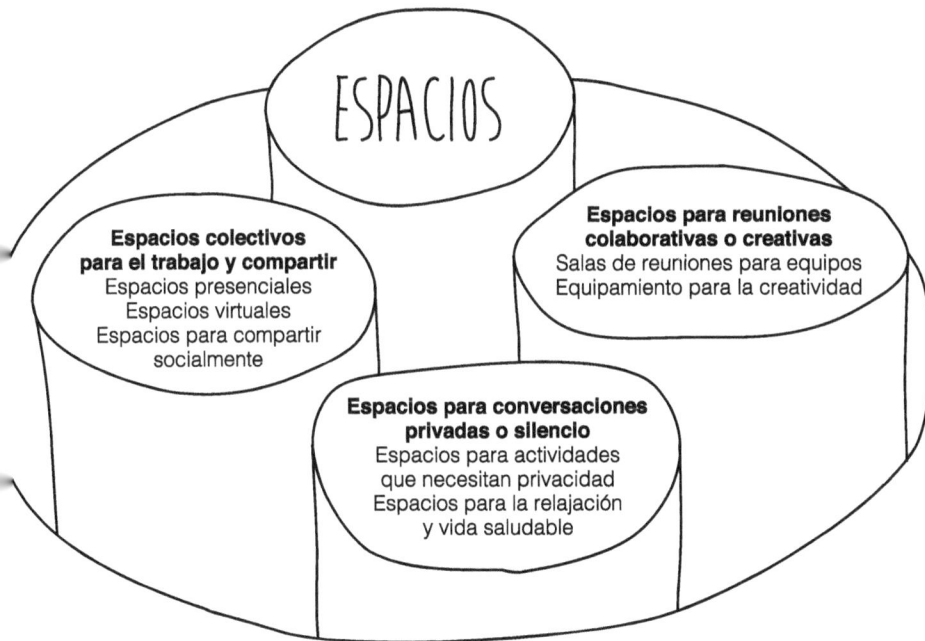

ESPACIOS

Espacios colectivos para el trabajo y compartir
Espacios presenciales
Espacios virtuales
Espacios para compartir socialmente

Espacios para reuniones colaborativas o creativas
Salas de reuniones para equipos
Equipamiento para la creatividad

Espacios para conversaciones privadas o silencio
Espacios para actividades que necesitan privacidad
Espacios para la relajación y vida saludable

71. Consultar glosario y webgrafía: Entrevista Beatriz Lara.
72. Consultar glosario y webgrafía: Texto recogido en el artículo "Nuevos lugares de trabajo BBVA: impulso del trabajo colaborativo".
73. Consultar glosario y webgrafía: Entrevista Guadalupe de la Mata.
74. Consultar glosario y webgrafía: NERGroup, Asociación de empresas que comparten NER.

"Espacios de trabajo presenciales abiertos"

El acceso no sólo consiste en tener *suit* ofimáticas o sistemas de video chat. La idea es contar con un *hardware* accesible tanto en valor económico como de fácil transporte y uso. Además, la accesibilidad estará condicionada a la alfabetización y cultura digital de las personas que conforman un equipo de trabajo.

existan espacios sin diferenciaciones de jerarquías. A veces, por temas de ruidos, se pueden tener oficinas de diseño cerradas cercanas a las áreas de producción. De igual forma, se busca que las áreas de producción y gestión estén al mismo nivel en la estructura física (en los sistemas jerárquicos, las áreas de gestión y administración están metros más arriba para mirar a los de producción que están metros más abajo).

Espacios virtuales para el trabajo

También es importante definir plataformas o espacios de trabajo virtual flexible para poder trabajar en cualquier lugar. Hoy las personas deberían acceder a sus escritorios de trabajo a través de interfases y uso de tecnologías de internet integradas y de fácil uso como, por ejemplo, las de *Google for work*[75].

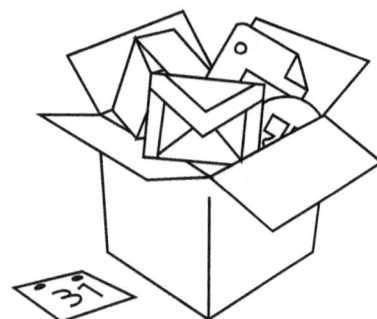

"Espacios de trabajo virtual flexibles"

Las tecnologías informáticas han generado infraestructura, pero aún no son lo suficientemente sociales para que todos las entiendan, ya que hay personas con brechas no menores de alfabetización digital. Lo importante, es que todos cuenten con libertad de expresión y acceso para comunicar[76], debido a que tendremos plataformas físicas y virtuales que cambiarán las formas de intervención[77].

"Espacios de trabajo sin diferenciaciones de jerarquía"

---

75. Consultar glosario y webgrafía: Google for work.
76. Consultar glosario y webgrafía: Entrevista Beatriz Lara.
77. Consultar glosario y webgrafía: Entrevista Julem Iturbe.

"Espacios para compartir socialmente"

Espacios para compartir socialmente

Todas las organizaciones -como tendencia positiva- están otorgándole importancia y habilitando espacios para compartir socialmente: pequeños living, cocinas para disfrutar de comidas sanas, etc. Estos espacios, se habilitan con diseños armónicos que invitan a las personas a relajarse y a conversar.

"Salas de reuniones adaptadas para la gestión colaborativa"

Espacios para reuniones colaborativas y creativas

Los espacios para reuniones colaborativas y creativas necesitan de dos combinaciones de temas:

– Sala(s) de reuniones adaptadas para equipos colaborativos.
– Equipamientos adaptados para la creatividad.

Sala(s) de reuniones adaptadas para equipos colaborativos

Es importante habilitar salas de reuniones adaptadas a los equipos para la gestión colaborativa, es decir, espacios (dentro de lo posible) con mobiliario en forma de círculo (es importante evitar mesas largas con sillas o espacios que marquen jerarquías).

Por ejemplo, un empresario[78] nos comentó lo siguiente: la sala de reuniones o el "cuarto de pensar" es un lugar neutro. Nadie es dominante, ya que no es la oficina de nadie. Todos los que están allí, son iguales, no hay diferencias de cargos o antigüedad y nos respetamos entre todos. Las reuniones tienen la finalidad de buscar soluciones, por lo que la transparencia en cada una de ellas es de vital importancia. En este tipo de encuentros, dice el empresario, participan todos quienes deseen aportar en el análisis. En el cuarto se generan diálogos, cada uno expone su criterio

---

78. Consultar glosario y webgrafía: Entrevista Nicolas Badel.

y se exponen los datos para justificar sus planteamientos.

El espacio diseñado para temas colaborativos debe ir acompañado y asociado con el uso de tecnologías sociales colaborativas[79].

Equipamiento adaptado para la creatividad

En relación con el equipamiento y adaptación para la creatividad, es necesario contar con todo el material de apoyo (pliegos de papel, post-it, rotuladores de colores, etc.) para el uso de tecnologías sociales con base en metodologías y prácticas de interacción colaborativa.

Es importante cuidar la relación de los temas, junto a los objetivos de lo que se quiere trabajar en una reunión, versus el uso de tecnologías sociales de metodologías y prácticas de interacción colaborativa. En esta parte, es clave cómo el Articulador facilita las tecnologías sociales adecuadas. Es necesario tener claro que las metodologías no están por sobre los contenidos.

De esta forma, es importante el diseño de cada reunión para tener un equilibro entre los contenidos, el uso de las tecnologías sociales y el material de apoyo. Así como existen problemas de alfabetización y cultura digital, las tecnologías sociales de metodologías y prácticas de interacción colaborativa también son manejadas sólo por unos pocos. A raíz de lo anterior, existen brechas en el uso de estas tecnologías[80].

Como recomendación general, es importante que algunas personas estén preparadas para graficar las conversaciones de un equipo. Es importante, por ejemplo, crear el hábito de anotar (o usar post it) las ideas emanadas de las conversaciones[81].

Espacios para conversaciones privadas o silencio

Los espacios para conversaciones privadas o silencio abarcan fundamentalmente dos temas:

– Espacios para actividades que necesitan privacidad.
– Espacios para la relajación y vida saludable.

"Espacios con equipamiento para la creatividad"

79. Consultar glosario y webgrafía: Entrevista Guadalupe de la Mata.
80. Consultar glosario y webgrafía: Entrevista Beatriz Lara.
81. Consultar glosario y webgrafía: Entrevista Guadalupe de la Mata.

Espacios para actividades que necesitan privacidad

Tan importante como tener espacios para la colaboración es poseer ambientes para actividades que necesitan privacidad (conferencias, teléfono). También se necesitan, por respeto a los compañeros de trabajo (ante una llamada de teléfono o videochat) espacios de mayor tranquilidad.

"Espacios para conversaciones"

Espacios para la relajación y vida saludable

Por otro lado, muchas organizaciones han empezado a habilitar espacios para actividades de relajación y vida saludable. No necesariamente son los típicos lugares deportivos, sino espacios para meditar, reflexionar, etc. Está comprobado que las prácticas de meditación o relajación mejoran la productividad.

"Espacios para la relajación"

Tecnologías Sociales

Históricamente, las personas -con más o menos infraestructura tecnológica- han aprendido y colaborado en sus entornos organizacionales[82]. De esta forma, las tecnologías sociales potencian que los individuos practiquen la colaboración. Pero también su uso puede traer cambios profundos y bruscos[83].

Es importante que las personas participen activamente en la implementación y mejora de tecnologías sociales y que los líderes o articuladores reconozcan dicho aporte[84]. La incorporación de tecnologías sociales es importante para ir practicando y generando confianza[85].

82. Consultar glosario y webgrafía: Entrevista Elena Sánchez.
83. Consultar glosario y webgrafía: Entrevista Anamaria Aristizabal.
84. Consultar glosario y webgrafía: Entrevista Guadalupe de la Mata.
85. Consultar glosario y webgrafía: Entrevista Anamaria Aristizabal.

Tecnologías sociales presenciales, virtuales e híbridas

Podemos encontrar tres tipologías de tecnologías sociales[86]: Las dos primeras son:

– Los sistemas informáticos que permiten colaborar desde plataformas digitales.
– Las metodologías y prácticas de interacción colaborativa desde el espacio físico.

Y la tercera tipología:

– Las plataformas híbridas, que es la fusión o combinación de las plataformas digitales o virtuales con las físicas o presenciales.

De esta forma, las metodologías y prácticas de interacción colaborativa -que son más bien presenciales- se mezclan con el uso de sistemas informáticos para la colaboración (ejemplo, metodologías ágiles[87] y Trello[88] para la gestión de proyectos)[89], generando sistemas o tecnologías sociales híbridas de trabajo en red colaborativo en la comunidad.

Clasificación y selección de tecnologías sociales

Como señalamos anteriormente, para el uso de tecnologías sociales es importante que el articulador promueva el tejido de las conversaciones, ya que las personas son el eje de cualquier metodología, tecnología social o esquema de diseño para la colaboración[90]. Para ello, es necesario definir (con relación al espacio) la tipología de tecnología social (virtual, presencial o híbrida) y la extensión de utilización.

Extensión de utilización de las tecnologías sociales

Por otro lado, las tecnologías sociales las podemos clasificar, en forma genérica, en 4 extensiones[91]:

– Extensión del valor social de las personas y comunidad.
– Extensión del valor del conocimiento.
– Extensión del valor de uso.
– Extensión del seguimiento.

Desde tejeRedes recomendamos, según las extensiones de utilización (consultar el Manual de Tecnologías Sociales de tejeRedes[92] para descripciones e instrucciones de utilización), las siguientes tecnologías sociales.

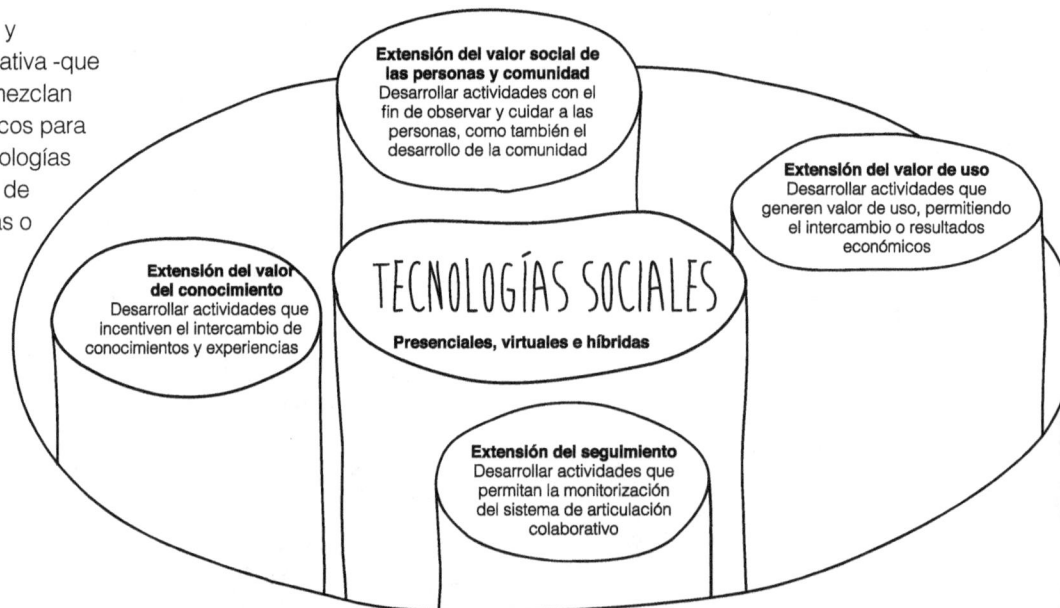

Extensión del valor social de las personas y comunidad
Desarrollar actividades con el fin de observar y cuidar a las personas, como también el desarrollo de la comunidad

Extensión del valor de uso
Desarrollar actividades que generen valor de uso, permitiendo el intercambio o resultados económicos

Extensión del valor del conocimiento
Desarrollar actividades que incentiven el intercambio de conocimientos y experiencias

TECNOLOGÍAS SOCIALES
Presenciales, virtuales e híbridas

Extensión del seguimiento
Desarrollar actividades que permitan la monitorización del sistema de articulación colaborativo

---

86. Consultar glosario y webgrafía:
Entrevista Guadalupe de la Mata.
87. Consultar glosario y webgrafía: Metodologías ágiles
88. Consultar glosario y webgrafía: Trello.
89. Consultar glosario y webgrafía:
Entrevista Guadalupe de la Mata.
90. Consultar glosario y webgrafía:
Entrevista Anamaria Aristizabal.
91. Dimensiones identificadas a través de talleres tejeRede
en las empresas de EKIN y EBI de NERGroup.
92. Consultar glosario y webgrafía: Manual
de Tecnologías Sociales de tejeRedes.

Extensión del valor social de las personas y comunidad

Se refiere a la incorporación de tecnologías sociales o al desarrollo de actividades con el fin de observar y cuidar a las personas, así como también al desarrollo de la comunidad. Se recomienda utilizar las siguientes tecnologías sociales del Manual de Tecnologías Sociales de tejeRedes:

– **Animómetro**[93] o tecnologías sociales para conversar sobre el estado de ánimo, las expectativas y los sentimientos de las personas.

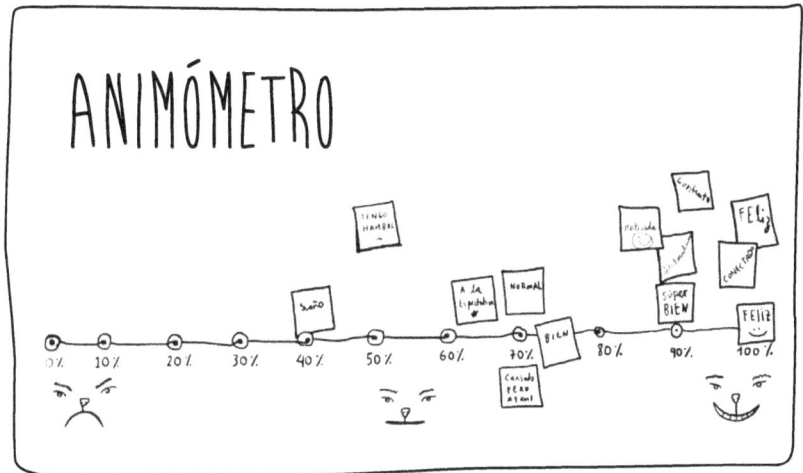

– **Confianzómetro**[94] o tecnologías sociales utilizadas para observar y conversar sobre el mapa de roles y confianzas de la organización (por equipos de trabajo).

– **Enredómetro**[95] de tejido social o tecnologías sociales para graficar las interacciones y conexiones o desconexiones entre las personas.

– **Colaborómetro**[96] o tecnologías sociales utilizadas para conversar y observar el estado de las cualidades culturales e ideales y las reglas del juego de la comunidad.

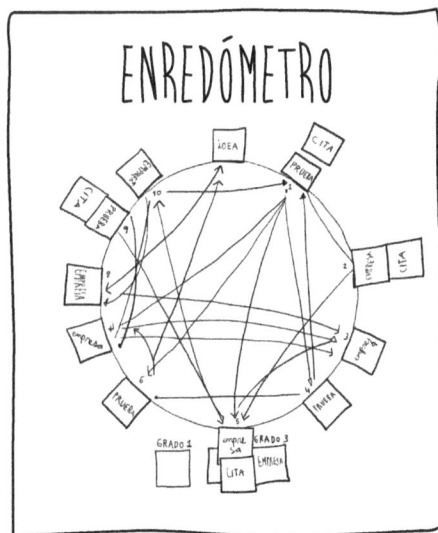

---

93. Consultar glosario y webgrafía: Animómetro.
94. Consultar glosario y webgrafía: Confianzómetro.
95. Consultar glosario y webgrafía: Enredómetro.
96. Consultar glosario y webgrafía: Colaborómetro.

"CollageRed"

– **PicNicRed**[98] para compartir comidas y bebidas de forma social.

– **CollageRed**[97] para explorar el propósito y cualidades culturales e ideales de una comunidad. También para trabajar los valores (social, conocimiento y uso) y el marco común de entendimiento o reglas del juego.

"PicNicRed"

---

97. Consultar glosario y webgrafía: CollageRed.
98. Consultar glosario y webgrafía: PicNicRed.

– Círculo de inicio (Check in), cierre (Check out) y cosecha[99] de una reunión para que las personas puedan conectar de forma más horizontal/autoorganizada y conversar sobre un tema.

– Tecnologías Sociales de regulación y registro[100]: Tótem hablador/silencio/tiempo - Ritual silencio - Fotografía/Vídeo, para cuidar la palabra, energías, tiempos y registrar las reuniones.

Para integrar esta extensión se recomiendan procesos de formación y actividades para:

– Incorporación de sesiones individuales/grupales de *coaching*[101] o terapia Gestalt[102].
– Fortalecimiento individual/grupal a través de talleres sobre liderazgo, trabajo en equipo, colaboración, gestión del tiempo, valores, autoestima, etc.
– Actividades sociales inclusivas (comidas, trabajos voluntarios, grupos de interés social, etc.).

"Círculo de inicio, cierre y cosecha "

"Totem hablador/silencio/tiempo"

"Fotografía y vídeo"

99. Consultar glosario y webgrafía: Círculo de inicio (check in), cierre (check out) y cosecha.
100. Consultar glosario y webgrafía: Tecnologías sociales de regulación y registro: Tótem hablador/silencio/tiempo - Ritual Silencio - Fotografía/Vídeo.
101. Consultar glosario y webgrafía: Coaching.
102. Consultar glosario y webgrafía: Terapia Gestalt.

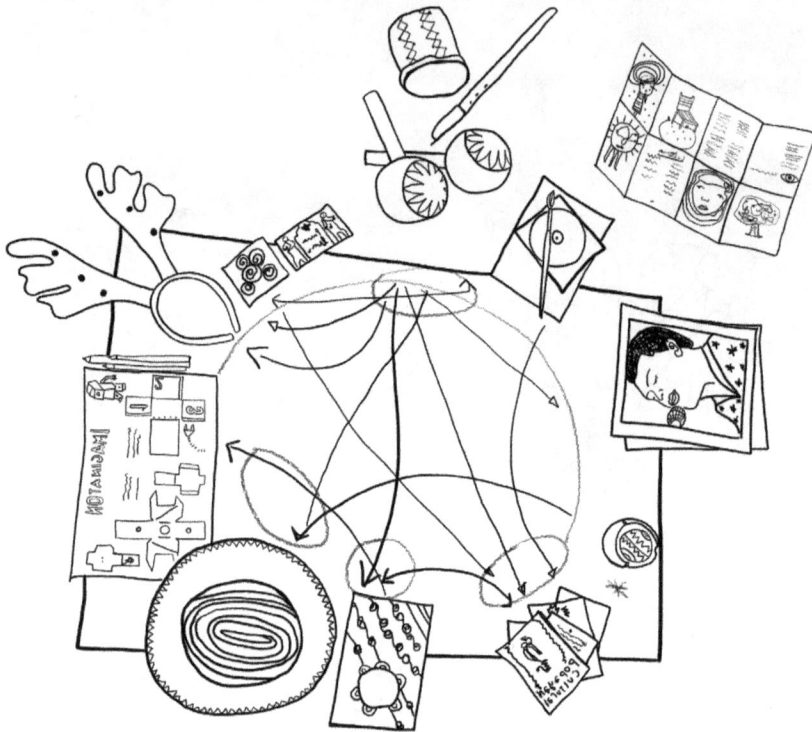

"Enredómetro de saberes"

Extensión del valor del conocimiento

Esta extensión se refiere a la incorporación de tecnologías sociales o al desarrollo de actividades que incentiven el intercambio de conocimientos y experiencias. Se recomienda utilizar las siguientes tecnologías sociales del Manual de Tecnologías Sociales de tejeRedes:

– Enredómetro[103] **de Saberes e Iniciativas** o tecnologías sociales para levantar ideas colaborativas o saberes y experiencias.

– Priorización de intereses[104], permite conversar sobre las dimensiones que puede tener una iniciativa o proyecto en relación con su facilidad o complejidad de implementación y su impacto.

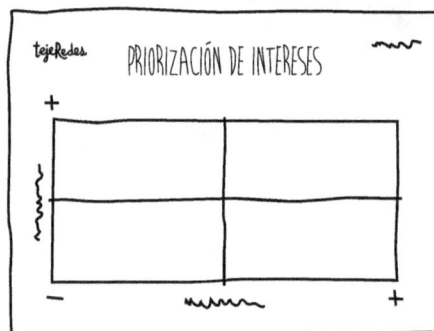

– Tendero social[105] para observar las necesidades, apoyos, agradecimientos, etc. que se establecen entre las personas.

"Tendedero social"

– Conversación 4x4 / 4x4x4[106], dinámicas para conversar en torno a temas.

– Uso de ofimática virtual y redes sociales con objeto de coordinar el trabajo de forma colaborativa (repositorios documentales, sistemas de trabajo documental, correo chat, calendarios, etc.).

---

103. Consultar glosario y webgrafía: Enredómetro.
104. Consultar glosario y webgrafía:
Priorización de intereses.
105. Consultar glosario y webgrafía: Tendedero Social.
106. Consultar glosario y webgrafía: Conversación
y Observador 4x4 / 4x4x4.

Para integrar esta extensión se recomiendan procesos de formación y actividades para:

– Design Thinking[107], metodología para generar ideas innovadoras, centradas en la eficacia y para dar solución a las necesidades reales de los usuarios.
– Implementar banco común de conocimientos[108] y comunidades de práctica[109].

Extensión del valor de uso

Esta extensión se refiere a la incorporación de tecnologías sociales o al desarrollo de actividades que generan valor uso, permitiendo así el intercambio o resultados económicos. Se recomienda utilizar las siguientes tecnologías sociales del Manual de Tecnologías Sociales de tejeRedes:

– **Café Redes**[110] y **Proacción Redes**[111], metodologías para trabajar en torno a preguntas y desarrollar ideas colaborativas o proyectos alrededor de la metodología de trabajo en red.

– **Maquilómetro**[112] para gestionar proyectos y tareas en torno a los tiempos de ejecución, urgencias, etc.

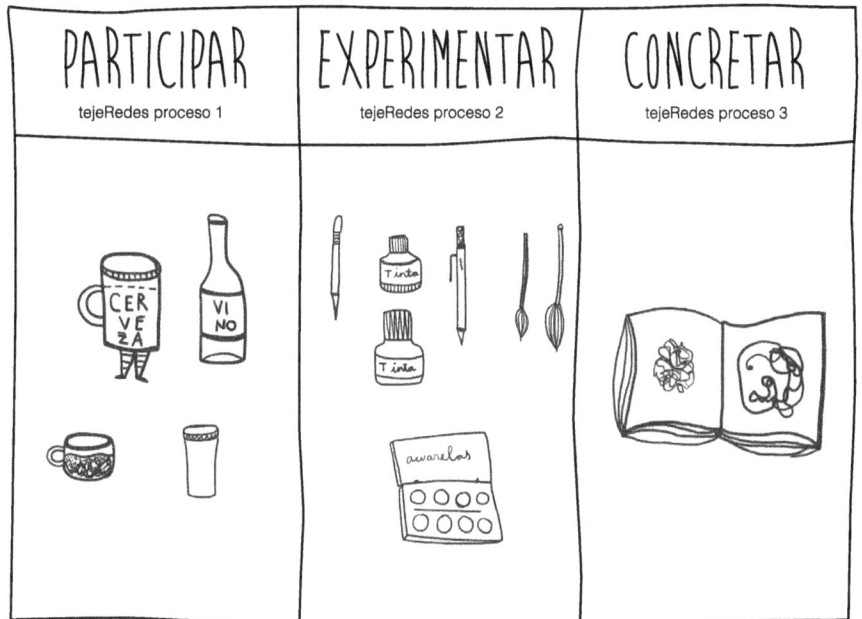

"Mesa Proación Redes"

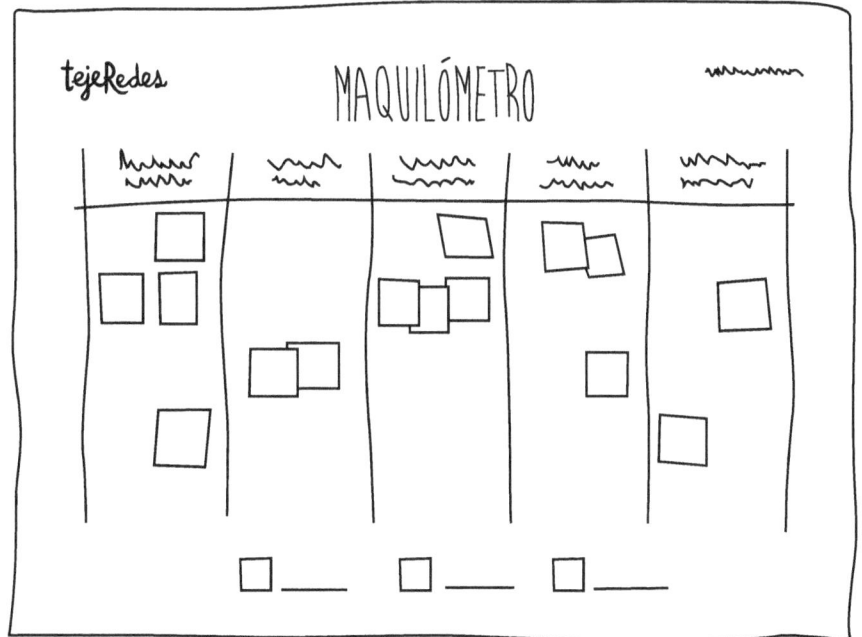

---

107. Consultar glosario y webgrafía: Design Thinking.
108. Consultar glosario y webgrafía: Banco común conocimientos.
109. Consultar glosario y webgrafía: Comunidades de práctica.
110. Consultar glosario y webgrafía: Café Redes.
111. Consultar glosario y webgrafía: Proacción Redes.
112. Consultar glosario y webgrafía: Maquilómetro.

Para integrar esta extensión se recomienda procesos de formación y actividades para:

– Metodologías de reuniones efectivas y/o Metodologías ágiles[113]. Procesos que se aplican sistemáticamente, como conjunto de buenas prácticas, para trabajar colaborativamente (en equipo) obteniendo, con ello, el mejor resultado posible en un proyecto.
– Programas informáticos para contabilidad, finanzas. Aplicaciones que muestran de forma didáctica la información económica e indicadores.

Extensión del seguimiento

Esta extensión incorpora tecnologías sociales o actividades que permiten monitorizar el sistema de articulación colaborativo. Se recomienda utilizar las siguientes tecnologías sociales del Manual de Tecnologías Sociales de tejeRedes:

– **Animómetro**[114]: monitorización de los estados de ánimo de las personas. Se recomienda realizarlo semanalmente por medio de reuniones (para hablar de las relaciones de las personas) o emplear un sistema semáforo de estado de ánimo para toda la organización.
– **Maquilómetro**[115]: monitorización de los proyectos y tareas. Se recomienda realizarlo semanalmente a través de una reunión específica.
– **Tendero social**[116]: monitorización de las interacciones entre las personas. Se recomienda chequearlo semanalmente a través de una reunión específica.
– **Confianzómetro**[117]: monitorización del mapa organizacional de roles y de confianzas. Se recomienda realizarlo cada

dos, cuatro o seis meses (reunión especial).
– **Colaborómetro**[118]: monitorización de cualidades culturales e ideales y reglas del juego. Se recomienda realizarlo cada dos, cuatro o seis meses (reunión especial).
– **Enredómetro**[119]: monitorización de iniciativas, saberes y tejido social. Se recomienda realizarlo cada dos, cuatro o seis meses (reunión especial).
– **Retroalimentar reuniones/equipos** (¿A mejorar? + ¿Destacable?: metodología, espacio y participantes).

Para integrar esta extensión se recomiendan procesos de formación y actividades para:

– Establecer objetivos y metas en la planificación con su respectivo seguimiento (relaciones entre las personas, estados de ánimo, de tipo económico, etc.).
– Acciones permanentes para incentivar la fraternidad.
– Monitorización en línea de sistemas contables, financieros y de producción con gráficos de fácil lectura (diario y semanal).

Tiempos, mejoras e integración de las tecnologías sociales

El tiempo es clave para depurar y darle forma a un sistema colaborativo y al uso de las tecnologías sociales. Ello también permite ir conformando un equipo que comparte elementos y características que dan forma a la colaboración[120].

Por ejemplo, en el caso de una ecoaldea[121], se utilizan tecnologías sociales de la sociocracia[122] para trabajar la extensión del valor social, de las personas y la gobernanza. En un principio, se puso en práctica durante 6 meses. Posteriormente,

decidieron integrar la metodología como sistema permanente, lo cual ha permitido que emerjan líderes, ordenar los procesos de decisión, formar equipos de trabajo focalizados por temas, etc[123].

Además del tiempo de prueba o piloto (hasta la incorporación total), se requieren de incentivos y espacios de conversación para fomentar la creación y mejorar las prácticas. Si las personas no se las apropian, los sistemas de apoyo a la colaboración no estarán tejiendo las conversaciones necesarias[124].

Metodológicamente tiene que existir dedicación (de tiempo) para que las personas puedan dar ideas, feedback, etc., en relación con los espacios y las tecnologías sociales. Después de cada proyecto es importante realizar una evaluación de lo positivo/destacable y lo faltante/por mejorar[125].

113. Consultar glosario y webgrafía: Metodologías ágiles.
114. Consultar glosario y webgrafía: Animómetro.
115. Consultar glosario y webgrafía: Maquilómetro.
116. Consultar glosario y webgrafía: Tendero social.
117. Consultar glosario y webgrafía: Confianzómetro.
118. Colaborómetro.
119. Consultar glosario y webgrafía: Enredómetro.
120, 123. Consultar glosario y webgrafía: Entrevista Anamaria Arístizabal.
121. Consultar glosario y webgrafía: Ecoaldea Aldea Feliz.
122. Consultar glosario y webgrafía: Sociocracia.
124, 125, 126. Consultar glosario y webgrafía: Entrevista Guadalupe de la Mata.

El miedo al error o a no comunicar ideas, es común en las organizaciones y lamentablemente va erosionando o paralizando el proceso colaborativo. Es importante reconocer los errores de los sistemas tecnológicos para que se puedan mejorar. También es positivo agradecer los aportes e involucramiento de las personas[126].

Cuando el sistema es muy estático, se busca que las personas (desde sus puestos de trabajo) se entusiasmen para desarrollar proyectos de mejoras flexibles a través de procesos de aprendizaje colaborativos y programas de formación a medida[127]. Muchas veces el uso de las tecnologías sociales puede generar exclusión de personas que culturalmente no se sienten cómodas (la colaboración es exigente), ya que hay que trabajar con otros, conectar y regular egos. Todo aquello necesita apoyo desde lo humano[128]. Las personas que se quedan excluidas, se sentirán fuera del sistema colaborativo y al final se volverán contra el sistema[129].

"Café Redes y Proacción redes"

126. Consultar glosario y webgrafía: Entrevista Guadalupe de la Mata.
127. Consultar glosario y webgrafía: Entrevista Jesús Martínez.
128, 129. Consultar glosario y webgrafía: Entrevista Anamaria Aristizabal.

CAPÍTULO 17. CONFIANZA Y MARCO DE ENTENDIMIENTO COMÚN

"La confianza es la percepción que adquirimos sobre otras personas, de que nos cumplirán un compromiso declarado"

La confianza

No nos engañemos pensando que la confianza -que depositamos en terceros o la que tienen en nosotros- es invariable. Hay que partir diciendo que la confianza es un juicio[130].

Por ello, no es una declaración establecida, sino temporal, y se basa en hechos o acciones concretas. Este punto presenta una ventaja y desventaja al momento de ganar la confianza o perderla.

Lograr un alto grado de confianza es como construir una casa ladrillo a ladrillo. Cuando convivimos en una comunidad en red (como una empresa o colectivo), desarrollamos acción por acción en el tiempo con base en compromisos adquiridos. Los compromisos se establecen en un marco común de entendimiento o reglas del juego.

Historia sobre la confianza

Juan acordó una reunión con Pedro el día lunes a las 09.00 am para enseñarle

"Confianza en los equipos de trabajo"

a utilizar un programa de ofimática para gestionar proyectos de tipo Trello[131-132]. Básicamente, Pedro necesitaba preparar un plan de trabajo para presentarlo en su equipo.

Escenarios:

1. Juan no llegó a la reunión. Llamó por la tarde a Pedro para contarle que tuvo un inconveniente. Le propuso que se reunieran el martes a la misma hora. Pedro como tiene la necesidad de aprender, acepta, ya que la presentación del plan es en dos días más. En este caso, podemos deducir que Pedro ha perdido un poco de confianza en Juan.

2. Juan efectivamente llegó a la reunión del martes, pero a las 11 am. Tampoco dio aviso del retraso. Esto probablemente afectará la confianza que Pedro tiene en Juan en relación con los horarios acordados.

3. Juan enseñó a utilizar Trello a Pedro, pero en la medida que avanzaron los minutos, Pedro se dio cuenta de que Juan

130. Consultar glosario y webgrafía: Ontología del Lenguaje.
131. Consultar glosario y webgrafía: Trello.
132. Consultar glosario y webgrafía: Metodologías ágiles.

no manejaba en su totalidad el programa. En este caso, Pedro pierde la confianza en Juan respecto a los conocimientos de éste último, ya que en teoría Juan sabía cómo desarrollar un plan con metodologías ágiles.

Podemos tener varios casos y combinaciones posibles de lo que pudo suceder entre Juan y Pedro. Lo importante es saber y considerar que la confianza se puede perder o ganar. Porque si Juan hubiese llegado a la reunión acordada con Pedro (día y hora acordada en primera instancia) y le enseña el uso de Trello y metodologías ágiles, la percepción de Pedro sobre Juan hubiese sido distinta (positiva). Y por lo tanto, la confianza hubiese aumentado y seguramente lo recomendaría a otros que quieran aprender a desarrollar planes con la metodología.

Como vemos, en la construcción de la confianza (ladrillo a ladrillo) pueden ocurrir pequeños movimientos que desestabilicen la casa si no hemos sido consecuentes o no le hemos dado la profundidad y el tiempo necesario a la construcción.

Juan puede haber perdido la confianza de Pedro, pero esta podría recuperarse, si la parte que incumple muestra verdadero interés y manifiesta un cambio. Confiar y ser confiable en una comunidad hace que todo funcione de un modo más fácil y fluido.

Confianza: juicios y compromisos

Tendemos a confundir confianza con compromiso en los procesos colaborativos de un equipo de trabajo (aunque la confianza y el compromiso están relacionados desde su vínculo en la acción).

La confianza es más bien un juicio que se basa en acciones concretas. La confianza se pierde si nuestras acciones no son coherentes con los "compromisos" que asumimos (que después se traducen en acciones). La confianza se gana, también, si los compromisos se cumplen.

La confianza se conecta con las emociones. La confianza ganada genera sensación de bienestar y pérdida de malestar. El compromiso es base de la confianza, ya que establece un marco de entendimiento común para ganar/construir o en su caso perder/destruir la confianza.

El compromiso requiere de algunas claves:

– Quién o quiénes son los generadores y receptores del compromiso.
– Quién define el marco de entendimiento común en el compromiso. Ejemplo: acción, lugar, hora, etc.
– Quién asume la realización del compromiso en relación con el marco de entendimiento común.
– Quién evalúa la realización del compromiso en relación con el marco de entendimiento común.

Los compromisos individuales son más fáciles de establecer respecto de los compromisos de equipo, ya que estos últimos requieren colaboración y son más complejos de definir y desarrollar. Además, afectan a un conjunto de personas que pertenecen a una comunidad.

En los equipos tendemos a mezclar la confianza y los compromisos y, por ende, no establecemos el marco donde se gana o pierde la confianza o donde se desarrollan los compromisos.

Confianza en la construcción de comunidades

La confianza es la fuerza de gravedad que nos mantiene con los pies en la comunidad (según a la distancia que estemos del propósito). Si estamos más cerca del centro, entonces, tendremos altos grados de confianza y sinergia con el equipo motor de una comunidad. Por el contrario, entre más alejados del eje, la confianza disminuye.

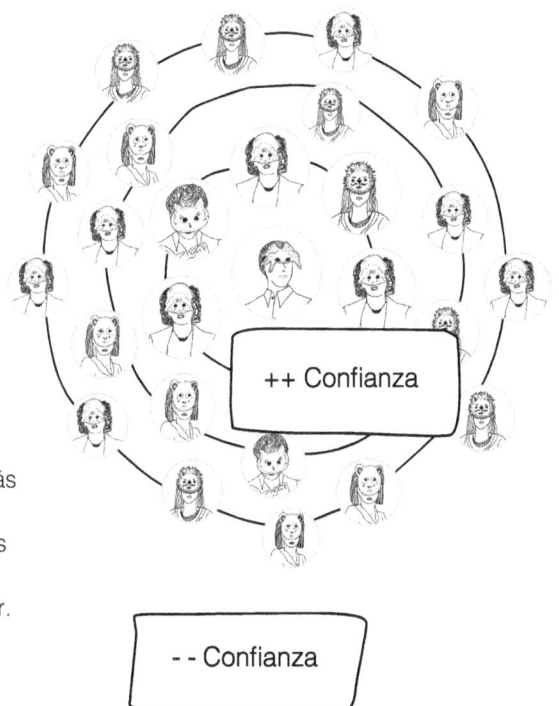

++ Confianza

- - Confianza

La construcción de la confianza es directamente proporcional al grado de involucramiento respecto del propósito de una comunidad u organización dentro de un marco de entendimiento común. Por lo tanto, estaremos en el núcleo si la confianza es alta.

La confianza se construye a través de las experiencias compartidas y el tiempo. Existen pasos o procesos que permiten ir construyendo esa confianza en relación con la cultura y la metodología tejeRedes. Es importante considerar que no se trata de tener procesos lineales o estáticos en la construcción de confianza, sino más bien un proceso continuo, donde se desarrollen acciones que fortalezcan la confianza en torno a un marco de entendimiento común.

Entre más reducida es una comunidad de personas, en torno al propósito, más alta es la confianza entre sus miembros. Sin embargo, también la creatividad es menor (las acciones y actividades tienden a ser monótonas).

Generalmente, los estados de mayor confianza están acompañados de poca flexibilidad en la estructura organizacional. Por ejemplo, en una empresa o club de amigos, entre más trabajen o jueguen más estables se vuelven los roles. Por lo tanto, son menos flexibles a los cambios y más estáticos en sus roles y posiciones.

Comúnmente en las comunidades (por ejemplo, en las empresas) nos olvidamos de activar procesos de confianza en torno a las relaciones de las personas (valor social) o al intercambio de experiencias (valor de conocimiento) y medimos el funcionamiento y éxito de la empresa por la productividad (valor de uso). Ello genera roles y responsabilidades estáticas. Al final, la creatividad se estanca.

Cómo cuidar las confianzas y desarrollar los compromisos a través de un marco de entendimiento común

La dificultad no está en que las comunidades o equipos de trabajo pierden la confianza o estén cuestionando el compromiso. El problema es, más bien, la falta de claridad a la hora de definir el marco de entendimiento común o las reglas del juego.

Por eso es importante:

– Educar a las personas en:

– Los elementos claves que definen la confianza como juicio y emoción y su relación con los compromisos.
– Las características que establecen un compromiso individual y grupal y su relación con la confianza.

– Definir muy bien:

– El propósito, las cualidades culturales e ideales y valores que establece el círculo de acción del propósito de la organización y equipos de trabajo. Por ejemplo, somos una organización que promovemos sistemas ..... , nuestras cualidades son la transparencia, honestidad, etc… los ideales que definen la colaboración son: trabajar mano a mano con los proveedores y clientes. Mis compañeros de trabajo son mis compañeros de viaje, etc.

– Los compromisos (que coincidan y conecten con el propósito), las cualidades culturales e ideales y valores colaborativos de la organización.
– El marco común de entendimiento o reglas del juego con base en compromisos que promuevan la colaboración.
– Los elementos claves del marco de entendimiento común de los compromisos:
    · Quién recibe y quién pide.
    · Qué pido y qué ofrezco.
    · Qué día y a qué hora.
    · Qué cantidad (objetivo) o grado de satisfacción (subjetivo).

– Cuidar que:

– Si los compromisos superan los límites de los ideales y metas en los valores (social, conocimiento y uso) definidos y se salen del foco del propósito y sus cualidades culturales, en el mediano plazo se romperá la confianza. Por ello, es importante mantener el equilibrio entre las necesidades y las capacidades del sistema para construir confianza en torno a compromisos con un marco de entendimiento común o reglas del juego realistas.

Por ejemplo, si una organización establece compromisos para crecer económicamente, es importante que observe sus capacidades internas para no incumplir sus compromisos de articulación interna (coordinación entre lo comercial y producción) o de compra y entrega a proveedores y clientes.

– Articular equipos de trabajo colaborativo no es sólo definir las tecnologías sociales para conectar las conversaciones, sino también monitorear y cuidar el contenido de esas conversaciones en relación con el marco de entendimiento común de los compromisos y el propósito, las cualidades culturales e ideales y los valores de la organización.

– **Evaluar:**

– Es preciso valorar permanentemente, a través de conversaciones transparentes, los equipos de trabajo y las acciones claves en torno al marco de entendimiento común de los compromisos.

Marco de entendimiento común o reglas del juego

El marco de entendimiento común o las reglas del juego condicionarán el desarrollo de las confianzas entre las personas de la comunidad.

El marco de entendimiento común es aquel lugar donde se definen las líneas centrales para entender cómo actúan y trabajan las personas. De esta forma[133]:

– Son las personas las que deben definir y adaptar las reglas del juego a ciertos marcos de trabajo (conocidos) para que se acoplen positivamente a su propia organización. Estas reglas son definidas y aceptadas por la mayoría.
– Las reglas del juego son guías compartidas de trabajo. Nunca se siguen en un 100%, pero ayudan a que las

personas, de diferentes características y pensamientos, se conecten. La idea es que todos estén en la misma foto (más allá de si alguien es más colaborativo o individualista).
– Las reglas del juego son dinámicas. Deben ser recordadas, revisadas y retocadas por un equipo extendido de personas con objeto de ser mejoradas en el tiempo.
– Las reglas del juego afectan a las personas, los espacios y las tecnologías. En la medida en que estén ordenadas y compartidas, se podrán acelerar los procesos de inmersión en la colaboración.
– Las reglas del juego deben ser respetadas en los buenos y malos momentos.
– Es deseable que el marco de entendimiento común pueda ser consensuado por una tercera persona o entidad.
– Son importantes los reconocimientos a la colaboración que incentiven el marco común de entendimiento[134].

Si bien, al inicio de cualquier proceso, las reglas del juego tienen un carácter voluntario, con el tiempo es necesario establecer reglas bajo un paraguas legal para regular, por ejemplo, el uso del terreno, las formas de convivencia, etc. Lo anterior, otorgará mayor sostenibilidad a la comunidad y mejorará la convivencia de las personas[135].

Otorgar formalidad a las reglas del juego, a través de instrumentos legales, es clave, ya que un proyecto o comunidad colaborativa, no responde a la típica reglamentación convencional -que se desarrolla en un sistema capitalista abierto- sino más bien apela a un proyecto

o comunidad asociativa que necesita desarrollar un proceso económico social colaborativo que implica otras formas de gestión y transacción[136].

El rol del Articulador es clave para cuidar el proceso y las reglas del juego. Debe ser una persona más neutra o externa (pero conectado emocionalmente) y que teja las relaciones y facilite los procesos[137].

A continuación, proponemos ordenar en 4 dimensiones[138] un marco común de entendimiento presente en organizaciones[139] que utilizan sistemas de articulación colaborativo - semi-distribuidos:

– Dimensión del valor social entre las personas.
– Dimensión del valor social en torno a la comunidad.
– Dimensión del valor del conocimiento abierto.
– Dimensión del valor de uso en los números.

133, 134. Consultar glosario y webgrafía: Entrevista Elena Sánchez.
135, 136, 137. Consultar glosario y webgrafía: Entrevista Anamaria Aristizabal.
138. Las dimensiones han sido seleccionadas en base al estado del arte de otros estudios. Las reglas del juego de cada dimensión fueron extraídas desde una organización que ha implementado un sistema de articulación de trabajo en red colaborativo: NER.
139. Consultar glosario y webgrafía: Empresa Lancor.

En un diagrama se muestran cilindros etiquetados:

Dimensión del valor social en torno a la comunidad

Dimensión del valor de uso en los números

MARCO DE ENTENDIMIENTO COMÚN/ REGLAS DEL JUEGO

Dimensión del valor social entre las personas

Dimensión del valor del conocimiento abierto

En cada una de estas dimensiones, existen declaraciones de compromisos (que definen las reglas del juego) donde las personas de la organización transparentan, limitan y amplían la forma en que sus conversaciones y acciones serán materializadas.

Para las 4 dimensiones se han identificado -de acuerdo al análisis de casos[140] o buenas prácticas- 16 reglas de juego (4 por dimensión), las cuales son entendidas como base o ejemplo para que una comunidad cree su propio marco común de entendimiento.

Se recomienda ir implementando las dimensiones paso a paso y acorde a las características previas de un sistema de articulación colaborativo. No existe un orden de complejidad. Simplemente están ordenadas a partir de un criterio familiar amplio, con objeto de identificarlas con el valor social (personas y comunidad), valor de conocimiento y valor de uso. Por lo tanto, su implementación dependerá de la historia de cada organización.

Dimensión del valor social entre las personas

Reglas del juego identificadas:

– La diferencia entre el sueldo más alto y el menor no debe ser elevado y los beneficios deben repartirse entre todos los trabajadores. El pago de horas extras o cualquier otro incentivo que marque diferencias individuales debe ser eliminado.
– Los equipos de trabajo deben ser polivalentes, autogestionados y la planificación colectiva y acorde a los compromisos adquiridos. Existencia de Articuladores (líderes).
– La comunicación de forma distribuida. Todos tienen que acceso a los temas y reuniones para la toma de decisiones sea por consenso a través de la conversación.

– Conciliación de vida personal y laboral. Tiempo para la familia, temas de género, tiempo libre.

La transparencia, por ejemplo, tiene un impacto importante en los niveles salariales en la medida que todos conocen las ganancias[141]. El uso de las horas extras en general fomenta una cultura más individualista. En las organizaciones tradicionales, por ejemplo, podemos encontrar 30 niveles de salarios. La razón está en que cada persona va y negocia su metro cuadrado (por ejemplo, un aumento salarial)[142].

Cuando se nivelan los salarios, se incrementan los más bajos y se generan no más de 4 o 7 niveles. Esto produce, a la larga, mayor igualdad. Además, si el

140, 154. Consultar glosario y webgrafía: NER.
141, 142. Consultar glosario y webgrafía: Entrevista Jabi Salcedo.

resultado es positivo, se puede repartir un porcentaje (30%) de las utilidades. Pero si el resultado de un ejercicio anual es negativo, también se ajusta a la baja el salario[143].

El hecho de que existan pocos niveles salariales, permite a la organización un equilibrio y fortalece la colaboración, ya que todos son responsables de las tareas. De esta forma, todos se preocupan de participar y desarrollar las metas planificadas[144].

Las organizaciones en general funcionan como la educación tradicional, es decir, compiten por demostrar quién tiene más conocimiento[145]. Para poder implementar un sistema de articulación diferente, es importante que haya un diálogo mancomunado para conocer los aspectos positivos y negativos de la organización. Posteriormente, es necesario cambiar la estructura de jerarquía por equipos de trabajo y transparentar qué somos capaces de realizar como equipo[146].

De esta forma, en un equipo colaborativo ocurre lo siguiente: si alguien realiza 5 de algo y otro 4 (siendo que la meta es 5) la persona que termina primero ayuda a la otra. En las organizaciones tradicionales quien termina en primer orden se dedica a lo suyo o produce más para ganar un extra de salario[147].

La horizontalidad de la estructura se fortalece generando una estructura de coordinaciones o articulaciones por equipos de áreas. Éstas deben rotar cada 6 meses[148]. En las organizaciones piramidales, los líderes están escondidos en la estructura, ya que no les dejan o no quieren salir. En cambio, cuando existen equipos de trabajo colaborativos, emergen de forma natural y son reconocidos por las demás personas[149].

Los líderes o Articuladores en los equipos colaborativos rotan para que todos entiendan la responsabilidad que significa articular. En el fondo son quienes representan a un equipo en temas de gestión, planificación de la organización, etc[150]. La idea es que los equipos no sean muy grandes (8 a 10 personas máximo) y que los Articuladores roten. Los equipos apoyan a sus Articuladores y éstos representan las opiniones del equipo. Por último, los equipos deciden cómo van a organizar sus temas[151].

Los Articuladores o líderes de equipo deben reunirse o comunicarse permanentemente para gestionar y coordinar el día a día de la organización[152]. También debe existir un coordinador o articulador general que cuide el funcionamiento del sistema de articulación colaborativo. Es nombrado y refrendado por toda la organización. Su función también debe rotar, pero en períodos más largos (5 años)[153]. Los coordinadores requieren capacidad de riesgo y deben buscar la colaboración de la comunidad. Requieren del apoyo de los equipos y de los articuladores de equipos para guiar el proceso. Además, debe propiciar que los equipos se conecten y que la colaboración sea la base del trabajo (sistema NER[154])[155].

Se valora mucho en un líder, coordinador o Articulador, sus valores, capacidad de acción, escucha, etc[156]. No es fácil encontrar personas con este perfil colaborativo. En general, son personas que abandonan sus egos y se plantan como uno más de la organización[157].

Muchas veces las responsabilidades y actividades de un equipo, se relaciona con las características de las personas. Por ejemplo, perfiles para la resolución de conflictos[158]. Es bueno que en las organizaciones existan roles diversos y polivalentes[159], ya que es necesario que todos aporten desde sus experiencias y conocimientos[160].

Es importante tener en cuenta que las organizaciones que se acostumbran a trabajar de una determinada forma, pueden sufrir con su propio confort y, por ende, perder su capacidad de innovación, creatividad, etc[161]. Aquello sucede cuando existe un buen Articulador y el equipo pide que permanezca en ese rol de manera indeterminada.

Si para equipo resulta positivo trabajar colaborativamente, es importante entender, también, que nadie asegura que dicho éxito se mantendrá en el tiempo. Por ello, es necesario gestionar la polivalencia o cuestionar permanentemente las formas de trabajo[162]. Lo importante para generar valor en una organización no es el patrimonio, sino las personas y el conocimiento (por ejemplo, en la planificación y toma de decisiones[163]).

143, 144, 145, 146, 147, 149, 150, 151, 152, 153, 155, 156, 157, 163. Consultar glosario y webgrafía: Entrevista Jabi Salcedo.
148, 158, 161. Consultar glosario y webgrafía: Entrevista Quito Eterno.
159, 162. Consultar glosario y webgrafía: Entrevista Julem Iturbe.

**Dimensión del valor
social entre las personas**

La diferencia entre el sueldo más alto y más bajo no
debe ser muy grande y los beneficios deben repartirse entre todos los
trabajadores. El pago por horas extras o cualquier otro incentivo que
marque diferencias individuales debe ser eliminado.

Los equipos de trabajo deben ser polivalentes, autogestionados y la planificación
debe ser colectiva en la organización y acorde a los compromisos adquiridos.
Existencia de Articuladores (líderes).

La comunicación estará distribuida. Todos tienen acceso a los temas y reuniones
para la toma de decisiones por consenso a través de la conversación.

Conciliación de vida personal y laboral. Tiempo para la familia,
temas de género y tiempo libre.

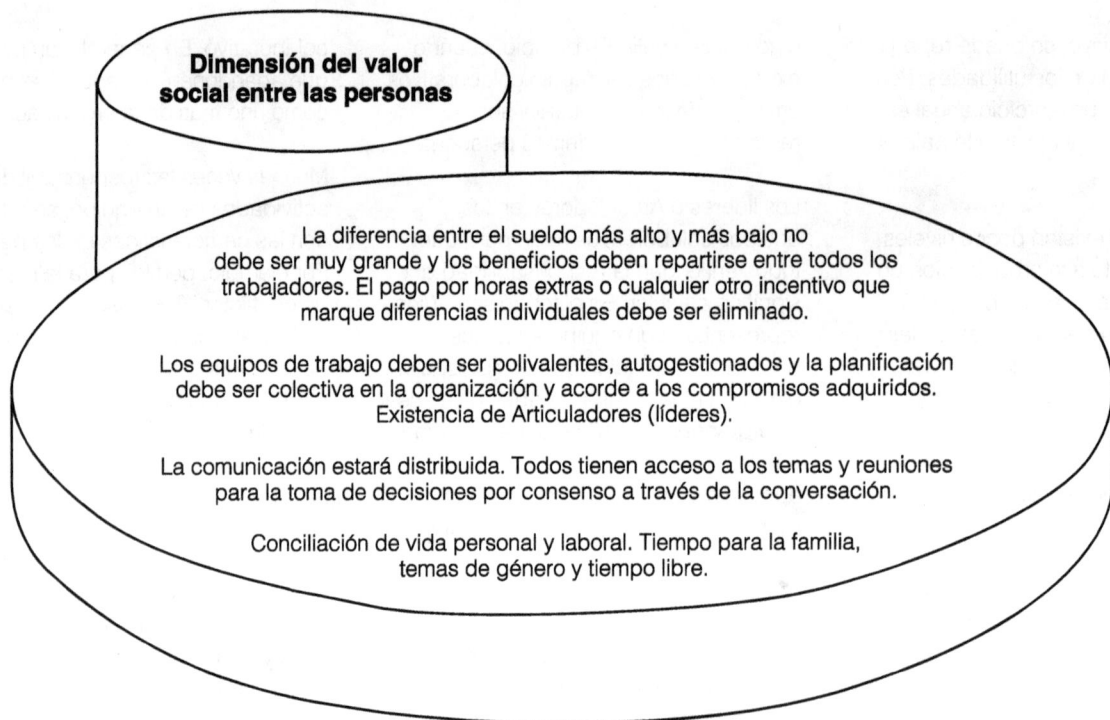

El aplanamiento de las jerarquías lleva a las organizaciones a tomar decisiones más rápidas, ya que existen menos niveles de consulta y los temas se pueden conversar directamente[164]. En la medida que las personas se conocen y crean confianza, la toma de decisiones será más rápida. De igual forma opera la colaboración: al inicio es más lenta, pero una vez que aflora la confianza nos articulamos de manera más ágil[165].

Hay decisiones que necesitan tiempo para madurar; básicamente, para que la organización las absorba y logre consenso o colaboración. Existen otras decisiones, en cambio, que se aprueban más rápido, ya que la organización las asume como propias[166].

En general, las decisiones deben tomarse por consenso, pero cuando existe un conflicto de interés o el equipo no se siente capacitado para decidir, es necesario buscar un tercero que sea externo y legítimo[167]. Es importante simplificar los sistemas de gestión (toma de decisiones) para que resulten más directos y menos pesados (por ejemplo, formato de reuniones)[168].

El tema de la conciliación de la vida personal y el trabajo no es fácil. Quienes salen de las organizaciones colaborativas esgrimen generalmente razones personales[169].

En general, en el sector público las estructuras organizacionales son

piramidales, pero los sueldos están nivelados. Y aunque con el tiempo se van instalando estilos directivos más participativos (ello depende de la persona) la tónica es la jerarquía unidireccional[170]. De esta forma, en la administración pública conviven tres modelos[171]:

164, 165, 166. Consultar glosario
y webgrafía: Entrevista Julem Iturbe.
167, 169. Consultar glosario y webgrafía:
Entrevista Quito Eterno.
168. Consultar glosario y webgrafía:
Entrevista Julem Iturbe.
170, 171. Consultar glosario y webgrafía:
Entrevista Jesús Martínez.

– Modelo jerárquico: el director establece los criterios y formas de trabajo.
– Modelo de la nueva gestión pública: se establecen equipos con objetivos y metas de forma participativa.
– Modelo abierto de gestión: las personas se organizan en sistemas de autoorganización con el consentimiento del director.

En la administración pública existe mucha flexibilidad para un modelo u otro. Todo depende de las personas y de la dirección[172]. Los procesos sindicales y políticos no han sido muy congruentes con las nuevas formas de trabajo, lo que ha generado que la ciudadana no tenga una idea clara sobre los trabajadores del Estado[173]. En las organizaciones colaborativas los sindicatos se diluyen[174].

Hoy existe la posibilidad de reinventar la administración pública y, por ende, hacer que la colaboración sea un incentivo al desarrollo laboral y profesional del servicio público (no al negocio)[175].

Dimensión del valor social en torno a la comunidad

Reglas del juego identificadas:

– Valores o cualidades culturales universales: solidaridad, generosidad, empatía, escucha activa, sociabilidad, tolerancia, fraternidad.

– Acción con enfoque social: preocupación por el entorno y la comunidad. Dedicar un porcentaje del presupuesto y horas de trabajo a acciones en favor del bienestar social (por ejemplo, 2% del beneficio y 2% de tiempo).
– Inversión en proyectos medioambientales, sociales y económicos. Sensibilización con los productos y servicios locales: huertos ecológicos, trabajar con niños e inmigrantes, etc.
– Acciones lúdicas: participación en eventos como comidas, puertas abiertas o similares. Lúdica en los procesos de trabajo (ejemplo, prácticas de teatro para resolución de conflictos).

Los valores culturales en las organizaciones jerárquicas se agotan cuando el dinero[176] es la preocupación. En cambio, en las organizaciones colaborativas los valores están por sobre el dinero. Las organizaciones, como las empresas, cada vez se conectan más con el medio, territorio o comunidad. Los valores son importantes, pero tienden a crujir cuando aparecen problemas (por ejemplo, en la cuenta de resultados)[177].

Los valores organizacionales se construyen con en el tiempo, se van debatiendo uno a uno y deben aterrizarse a la realidad: qué significan para el equipo[178]. En la organización no sólo se incorporan personas por sus capacidades técnicas, sino también por sus valores. En general, se buscan personas que ya tengan en su ADN valores compartidos con la organización (ya que es difícil cambiar los valores de las personas)[179].

Los valores culturales de transparencia, generosidad, etc. se regulan en las acciones de las personas y los equipos. Por lo tanto, los valores van tomando forma en el día a día, es decir, en el desarrollo de la colaboración[180]. Si hay personas que no comparten los valores culturales, la confianza del equipo se pierde y, por ende, quedan aislados. En general, quienes no desarrollan su trabajo, serán reemplazados por el propio equipo[181].

La colaboración depende de nuestros valores. Por ejemplo, muchas veces somos transparentes a la hora de compartir el conocimiento al interior de la organización, pero no somos capaces de compartirlo en el exterior. Existe información (clientes, métodos, etc.) que nos genera dinero, lo cual limita la colaboración de la organización[182]. Un ejemplo interesante de transparencia y colaboración es el fabricante de coches eléctricos Tesla[183] quien liberó sus patentes para hacer crecer el mercado[184].

Existe una ley escondida: las organizaciones que tienen pocos recursos les cuesta generar dinero. En cambio, las organizaciones que tienen muchos recursos generan dinero. Lo anterior, nos lleva a pensar sobre la ética de ganar más dinero[185]. En general, en el sistema tradicional buscamos un pedazo de una tarta pequeña o grande. En el individualismo buscamos que la tarta no crezca. En cambio, a través de la colaboración hacemos crecer la tarta del mercado[186].

177, 178, 182, 184, 185, 186. Consultar glosario y webgrafía: Entrevista Julem Iturbe.
172, 173, 175. Consultar glosario y webgrafía: Entrevista Jesús Martínez.
174, 180, 181. Consultar glosario y webgrafía: Entrevista Jabi Salcedo.
176, 179. Consultar glosario y webgrafía: Entrevista Nicolas Badel.

Dimensión del valor social en torno a la comunidad

Valores o cualidades culturales universales: solidaridad, generosidad, empatía, escucha activa, sociabilidad, tolerancia, fraternidad.

Acción con enfoque social: preocupación por el entorno y la comunidad. Dedicar un porcentaje del presupuesto y horas de trabajo a acciones de bienestar social (por ej. 2% del beneficio y 2% de tiempo).

Inversiones en proyectos sobre temas medioambientales, sociales y económicos para la comunidad. Sensibilización con los productos y servicios locales: huertos ecológicos, trabajar con niños e inmigrantes, etc.

Acciones lúdicas: participación en eventos lúdicos como comidas, puertas abiertas o similares. Lúdica en los procesos de trabajo (ej. prácticas de teatro para resolución de conflictos).

de la lúdica en la gestión despertamos el "yo niño" facilitando la comprensión de lo complejo y quitando la analítica del "yo adulto". La lúdica es buena en algunos casos y en otros no necesariamente[193].

Si la organización es rígida, no avanza. Es básico que la gente en la organización se divierta para mantener la energía de la colaboración. Si no nos divertimos, realizando lo que hacemos, nada tiene sentido[194].

En las organizaciones públicas un tema clave para cambiar la cultura de la organización es la formación. Muchas organizaciones están envejeciendo, ya que no se renuevan cargos ni entra gente nueva. Esto hace que cueste promover e implementar temas como la colaboración, ya que las generaciones mayores provienen de una cultura más cerrada e individualista (por educación y tradición)[195].

El trabajo de una organización colaborativa tiene directo impacto en la comunidad[187]. En las organizaciones colaborativas no se busca repartir los beneficios en temas de caridad social. Se invierte dinero en proyectos económicos que impacten a la comunidad. La idea es desarrollar proyectos de segunda generación que se conecten con la sociedad y que se construyan a sí mismo[188]. En las organizaciones colaborativas se busca un equilibrio entre invertir un porcentaje (2 %) de las utilidades en proyectos de impacto social y un porcentaje (2 %) del tiempo total del trabajo[189].

Lo importante no es cumplir sólo por cumplir, sino practicar modelos que contengan los temas sociales, ambientales, económicos, etc[190]. La dimensión de los proyectos deben ser humanos. En términos de territorio, no hay que actuar globalmente. Se debe accionar localmente con una mirada global universal[191].

La lúdica es clave en el desarrollo de las actividades internas y externas y, por ende, puede ayudar a resolver conflictos internos o para trabajar con una comunidad y su territorio[192]. A través

187, 192. Consultar glosario y webgrafía: Entrevista Quito Eterno.
193. Consultar glosario y webgrafía: Entrevista Julem Iturbe.
195. Consultar glosario y webgrafía: Entrevista Jesús Martínez.
189, 190. Consultar glosario y webgrafía: Entrevista Jabi Salcedo.
188, 191,194. Consultar glosario y webgrafía: Entrevista Nicolas Badel.

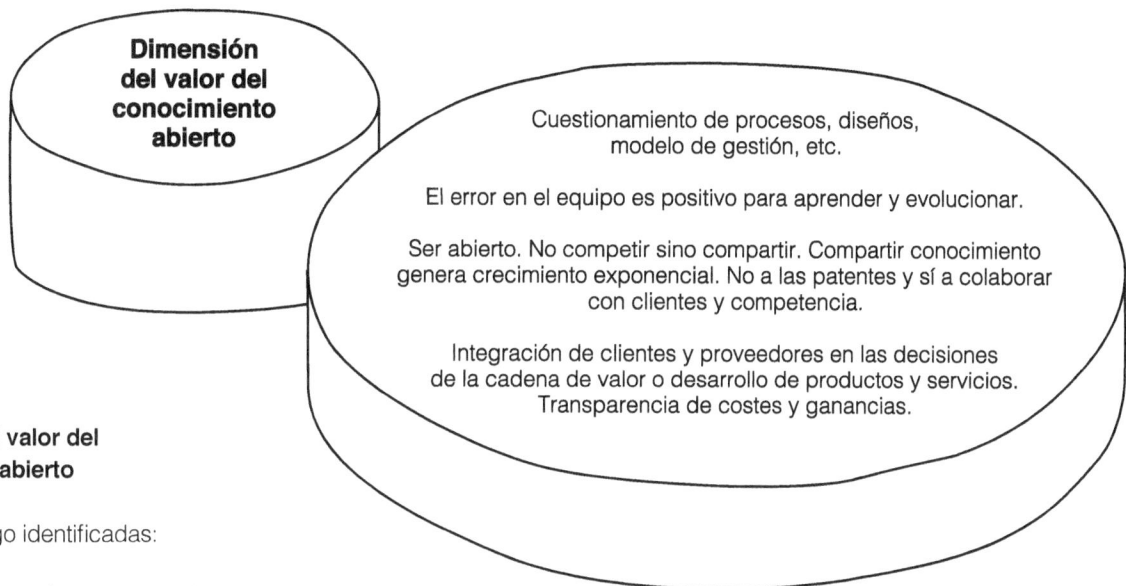

Dimensión del valor del conocimiento abierto

Cuestionamiento de procesos, diseños, modelo de gestión, etc.

El error en el equipo es positivo para aprender y evolucionar.

Ser abierto. No competir sino compartir. Compartir conocimiento genera crecimiento exponencial. No a las patentes y sí a colaborar con clientes y competencia.

Integración de clientes y proveedores en las decisiones de la cadena de valor o desarrollo de productos y servicios. Transparencia de costes y ganancias.

Dimensión del valor del conocimiento abierto

Reglas del juego identificadas:

– Cuestionamiento de procesos, diseños, modelos de gestión, etc.
– El error (en el equipo) es positivo para aprender y evolucionar.
– Ser abierto. No competir, sino compartir. Compartir conocimiento genera crecimiento exponencial. No a las patentes y sí a colaborar con clientes y competencia.
– Integración de clientes y proveedores en las decisiones de la cadena de valor o desarrollo de productos y servicios. Transparencia de costes y ganancias.

El conocimiento en las organizaciones tiende a complejizarse con el establecimiento de ciertas normas y certificaciones, perdiendo así su propia capacidad de flexibilidad y libertad[196].

Hay que diseñar sistemas en los cuales los errores sean parte de la innovación (sin que aquello nos cueste la vida). La idea es que los errores puedan ser contenidos por la organización. El error es parte del crecimiento y la responsabilidad.

Si el error nos cuesta la vida, la organización muere. Por eso se requiere margen de maniobra para sostener y aprender del error. Los proyectos que no existen, necesitan justamente de muchos errores para nacer. El error permite crear un proyecto a través de la prueba y la práctica. El aprendizaje nace allí[199].

Es importante que la organización, a través del tiempo, se cuestione las cosas a nivel de gestión, servicios, etc. Es decir, que esté constantemente puliendo su actuar[200]. Esto implica que todos debemos ser aprendices con objeto de mejorar y complementar[201].

La diferencia de la innovación colaborativa está en poner a las personas en el eje de todo. La innovación ocurre en distintos niveles: personas, política y religión. Las creencias condicionan la innovación y la colaboración. No se puede colaborar, si no se tiene una visión común[202].

En las organizaciones colaborativas se comparten los valores de código abierto y, por ello, la transparencia descoloca al viejo paradigma. Las ideas se van nutriendo mientras más veces se repitan[203].

Las organizaciones buscan a veces un equilibrio entre la competición v/s la colaboración y aquello necesariamente colapsa[204]. La colaboración es clave para innovar y competir sobre la base de una mejora (que la comunidad se beneficie).

196, 197. Consultar glosario y webgrafía: Entrevista Julem Iturbe.
198, 199, 201, 203. Consultar glosario y webgrafía: Entrevista Nicolas Badel.
202. Consultar glosario y webgrafía: Beatriz Lara.
204. Consultar glosario y webgrafía: Entrevista Quito Eterno.

Por otro lado, aunque en una comunidad se identifiquen los problemas, pocos son capaces de resolverlos[205].

La competitividad se basa en mejorar los servicios y productos pensados para las personas desde una perspectiva social y del bien común. De igual forma, el bien común se basa en los aportes individuales para innovar colaborativamente[206]. Tanto clientes como proveedores deben ser parte de las reuniones de planificación y operación. La apertura y la colaboración ayudan, por tanto, a la productividad y a la mejora del negocio[207]. El desarrollo de negocios transparentes con clientes y proveedores, implica que cada parte conoce su labor[208].

Las organizaciones o empresas sociales están muy vinculadas a su territorio. Pero también es importante trabajar con personas de otros territorios para no generar endogamias o feudalismos[209].

Cada vez es más importante que en la toma de decisiones participen personas externas para tener diferentes puntos de vistas y oxigenar los procesos[210]. Colaborar con organizaciones, que a veces parecieran ser competencia, produce beneficios. Por ello, hay que doblegar los recelos y generar confianzas dando, muchas veces, el primer paso[211]. Lo importante en un negocio es el conocimiento y el mercado[212].

En las instituciones públicas es bueno invitar personas externas para transferir conocimientos. Mezclarlos con los miembros de la organización -junto a buenos métodos para trabajar el conocimiento interno- puede acarrear buenos resultados de transferencia y colaboración (por ejemplo, compartiendo buenas prácticas para resolver problemas comunes y sus mejoras; Comunidades de Práctica)[213].

Dimensión del valor de uso en los números

Reglas del juego identificadas:

– Transparencia y disponibilidad de acceso a los números (presupuestos, contabilidad, cuentas bancarias, etc.). Conocer qué facturación se necesita, margen de maniobra y otros temas económicos relevantes: utilidades, créditos, etc.
– Objetivos económicos claros y conocidos por todos. Números y mensajes sencillos. Visión económica y horizonte claro y definido.
– Reuniones informativas semanales, asambleas mensuales y/o otras reuniones informativas y de decisión. Resumen de la información numérica de forma didáctica.
– Fiscalidad y contabilidad al día. Estar al corriente y proactivamente en las cuentas y relación con la autoridad fiscal como también con la gestión contable y el chequeo permanente.

En las organizaciones con sistemas tradicionales de gestión sólo un número reducido de personas tienen acceso a la información financiera y, por ende, la participación de éstos en la toma de decisiones y en el conocimiento real de la situación es limitada[214].

Muchas personas que trabajan en estas organizaciones jerárquicas (poco transparentes) se embarcan en proyectos personales (por ejemplo, comprar una propiedad) sin saber el estado real de su trabajo y de la organización. Esta situación es uno de los eslabones de las crisis, ya que impactan social y económicamente al sistema[215].

Está claro que los números son algo lejano para la mayoría de las personas. Sin embargo, para implementar procesos colaborativos, es necesario implicar lentamente al resto del equipo. También, en lo que respecta a la toma de decisiones y acciones[216]. En general, en las organizaciones tradicionales, el único que es capaz de interpretar los números (por la complejidad de datos) es el director financiero. Las personas en general no saben descifrar una contabilidad o cuenta de resultados[217].

Para cambiar dicha situación, en las organizaciones colaborativas la cuenta de resultados se analiza desde la gestión, es decir, la idea es conocer a dónde queremos ir (planificación), dónde estamos (estado real) y cómo vamos a llegar (sumar y restar: estratégia)[218].

205, 206. Consultar glosario y webgrafía: Beatriz Lara.
207, 212, 214, 215. Consultar glosario y webgrafía: Entrevista Jabi Salcedo.
208. Consultar glosario y webgrafía: Entrevista Nicolas Badel.
209, 210. Consultar glosario y webgrafía: Entrevista Julem Iturbe.
211. Consultar glosario y webgrafía: Entrevista Quito Eterno.
213. Consultar glosario y webgrafía: Entrevista Jesús Martínez.
216. Consultar glosario y webgrafía: Entrevista Quito Eterno.
217, 218. Consultar glosario y webgrafía: Entrevista Jabi Salcedo.

**Dimensión del valor
de uso en los números**

Transparencia y disponibilidad de acceso a los números
(presupuestos, contabilidad, cuentas bancarias, etc.). Conocimiento de qué facturación se necesita,
margen de maniobra y demás temas económicos relevantes: utilidades, créditos, etc.

Objetivos económicos claros y conocidos por todos. Números y mensajes sencillos.
Visión económica y horizonte claro y definido.

Reuniones informativas semanales, asambleas mensuales u otras reuniones informativas y de decisión.
Resumen de la información numérica de forma didáctica.

Fiscalidad y contabilidad al día. Estar al corriente y proactivamente en las cuentas y relación con la
autoridad fiscal como también con la gestión contable y su chequeo permanente.

En las organizaciones con modelos colaborativos es importante que la contabilidad resulte didáctica y participativa. El objetivo es que todos entiendan los números. Y para ello, deben estar en línea, en un formato claro y realizar reuniones periódicas para hablar sobre el tema.[219] Transparentar todos los sueldos es fundamental, ya que ayuda a abrir la información[220].

Es trascendental, también, que los miembros de un equipo entiendan y asimilen los datos a través de explicaciones fáciles y números claves. Por ejemplo,

el costo de una ruta es X. El dinero para funcionar es Y[221]. Si la información no está disponible, se toman muchas decisiones arbitrarias. Y si no se sabe por ejemplo qué es lo que se tiene que producir o facturar, nadie va a saber el esfuerzo y las tareas que hay que realizar como persona y equipo[222].

Los números de una empresa son como el marcador de un equipo de juego. Si no se conocen los números, el equipo puede ir en diversas direcciones y terminar jugando a cualquier cosa. Lo importante no es sólo comunicar los números y que todos los conozcan, lo trascendental es

tomar decisiones para saber hacia dónde se debe ir[223].

Es importante realizar una planificación o plan a largo plazo para bajar y proyectar los números en acciones y estrategias. Por ejemplo, diversificar las fuentes

219, 220, 221. Consultar glosario
y webgrafía: Entrevista Quito Eterno.
217, 218, 222. Consultar glosario
y webgrafía: Entrevista Jabi Salcedo.
223. Consultar glosario y webgrafía:
Entrevista Nicolas Badel.

de entrada de dinero[224]. Parte de la transparencia es tener la contabilidad y fiscalidad de impuestos al día. Una empresa no puede ser social (nuevo esquema) o caritativa/filantrópica (viejo esquema) si obtiene el dinero de forma poco clara[225].

Las organizaciones que no son transparentes con sus actuaciones, números, etc, terminan fomentando la cultura del individualismo (el secretismo divide y genera egos en la organización)[226]. La transparencia ayuda a que las organizaciones no tengan zonas oscuras y, por otra parte, a que sean más iguales y a que tengan fuentes de información de primera mano al momento de tomar decisiones[227].

Hoy las personas están pidiendo a las empresas más transparencia y menos opacidad. Independiente de la estructura societal (por ejemplo, cooperativas vs sociedades anónimas) la transparencia es un acto que debe practicarse al exterior e interior de la organización[228]. Una organización que busca una implicación social tiene que ser transparente. Si todos conocen la cuenta de resultados y los números los niveles de confianza se fortalecen[229].

También hoy las personas y organizaciones avanzan hacia formas de gestión más transparentes y colaborativas[230]. Se exige, cada vez más, una transición de estilos estructurados (en la toma de decisiones) hacia procesos más colaborativos. A diferencia del sector privado (emprendimientos, empresas, etc.) o tercer sector (ONG, Fundaciones, etc) que son más

flexibles para cambiar su estructura de funcionamiento, los sistemas de gestión del sector público (Estado) son estáticos y jerarquizados.

Debido a lo anterior, es común que en el entorno económico del sector público, se estén aplicando leyes de transparencia en todos los sentidos: contratos, compras, etc. Además, se está haciendo común publicar los patrimonios de los altos cargos[231].

Es habitual que las decisiones en el sector público se establezcan y definan más bien en su periferia. Por ende, las personas de una organización pública están abocadas a administrar los recursos en torno a decisiones básicamente políticas. Por lo tanto, queda muy poco margen de autoorganización de los recursos[232].

Los horizontes no sólo son económicos (cuánto se producirá o facturará), ya que se deben plantear objetivos para el desarrollo de nuevos mundos[233].

Cómo monitorear la implementación de un marco de entendimiento común

Para monitorear el desarrollo de las reglas del juego, proponemos utilizar el colaborómetro[234] aplicado en este caso a las 4 dimensiones y 16 reglas del juego presentadas. Desde tejeRedes (ver imagen), recomendamos utilizar el colaborómetro cada cierto tiempo o período (2, 4 o 6 meses) para revisar y chequear el marco de entendimiento común.

Medir el estado de implementación de las reglas del juego sirve para ir ajustando el marco de entendimiento común entre lo deseado y la realidad. Aquello permite mejorar nuestras acciones en torno a la implementación de los compromisos definidos. Se recomienda fotografiar cada colaborómetro para tener un indicador gráfico del avance.

224. Consultar glosario y webgrafía: Entrevista Quito Eterno.
226, 227. Consultar glosario y webgrafía: Entrevista Jabi Salcedo.
225, 233. Consultar glosario y webgrafía: Entrevista Nicolas Badel.
228, 229, 230. Consultar glosario y webgrafía: Entrevista Julem Iturbe.
231, 232. Consultar glosario y webgrafía: Entrevista Jesús Martínez.
234. Consultar glosario y webgrafia: Colaborómetro.

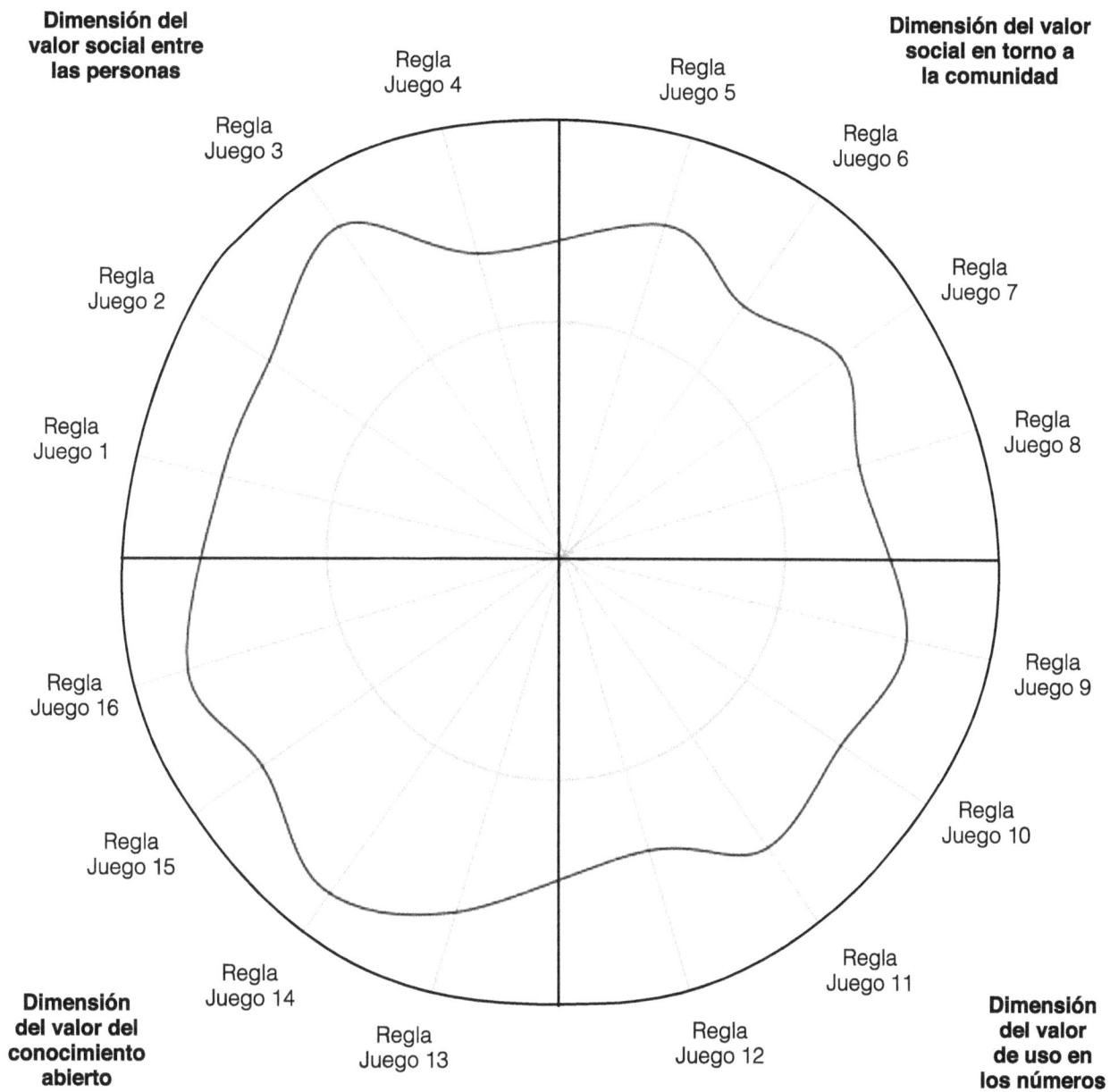

Dimensión del valor social entre las personas

Regla Juego 3

Regla Juego 2

Regla Juego 1

Regla Juego 4

Regla Juego 5

Dimensión del valor social en torno a la comunidad

Regla Juego 6

Regla Juego 7

Regla Juego 8

Regla Juego 9

Regla Juego 10

Regla Juego 16

Regla Juego 15

Regla Juego 14

Regla Juego 13

Regla Juego 12

Regla Juego 11

Dimensión del valor del conocimiento abierto

Dimensión del valor de uso en los números

CAPÍTULO 18. EL ARTICULADOR TEJEREDES ¿QUÉ SE TIENE QUE TENER EN CUENTA PARA IMPLEMENTAR UN SISTEMA DE ARTICULACIÓN COLABORATIVO?

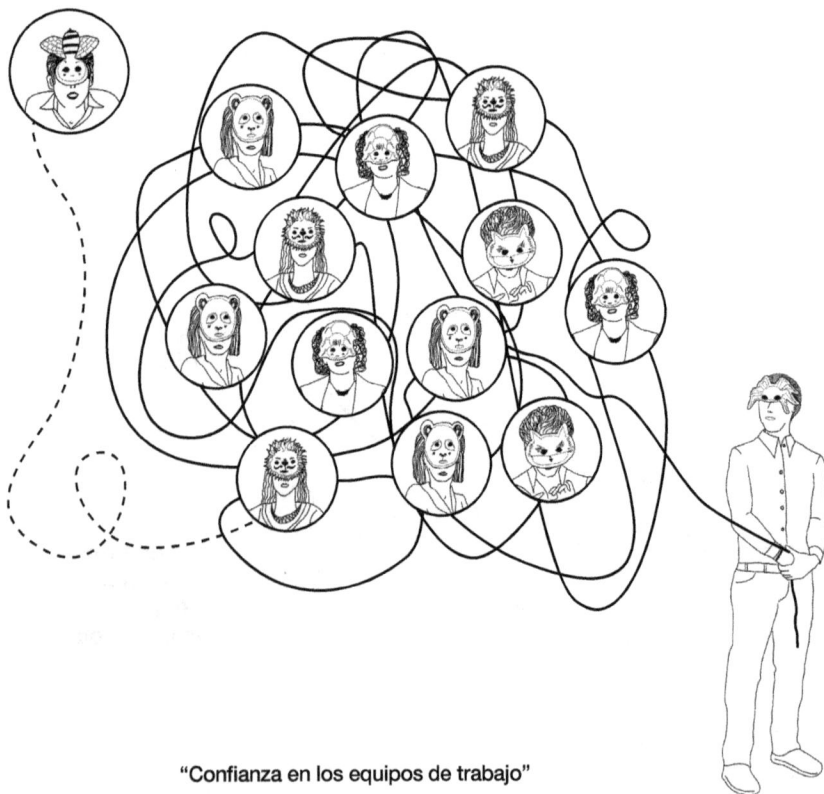

"Confianza en los equipos de trabajo"

Aquí presentaremos el rol que cumple el Articulador como diseñador para implementar los sistemas de articulación colaborativos.

Temas que maneja el Articulador para implementar los sistemas de articulación colaborativos

Observar, leer y movilizar seres humanos o CLEHES enactivamente y en modos SA1 y SA2 en torno a una cultura colaborativa (cultura tejeRedes) y donde la fraternidad, seducción, entre otras características, nutran las conversaciones que se acoplan en una comunidad u organización.
– Cultura colaborativa (cultura tejeRedes): requiere, por parte del Articulador, abandonar los egos, cultivar la humildad y tener empatía.

Conjugar la metodología de construcción de redes (metodología tejeRedes) con

las características/focos de monitoreo y regulación del Articulador en el trabajo en red: propósitos, roles, confianza, espacios físicos/virtuales y las estructuras de la red.
– Metodología tejeRedes: observar las etapas de las redes. (1) Generar y fortalecer tejido social (capital social); (2) experimentar e intercambiar conocimiento (capital intelectual); y (3) desarrollar proyectos e iniciativas (capital económico de intercambio o uso).

Diseñar, gestionar y equilibrar la interacción:
– Confianza y marco de entendimiento común.
– Propósito y contenidos de interés común.
– Estructuras de red en las organizaciones.
– Espacio y tecnologías sociales (presenciales/virtuales).
– Roles y actores de la organización.

En relación con el uso de tecnologías sociales: son las verdaderas agujas e hilos que permiten tejer la red para que ésta tome forma y, en su propio enredo, funcione de acuerdo al propósito convenido.

¿Qué debe existir previamente para adoptar un sistema de articulación colaborativo?

Sabemos que el Articulador debe observar CLEHES y tejer-enredar para generar el trabajo en red colaborativo. De igual forma, tendrá que avanzar en la implementación de un sistema de articulación colaborativo, pero complementando, necesariamente, con lo anterior. Es importante

previamente contar con:
– Indicios de cultura colaborativa.
– Apoyo de los líderes naturales, orgánicos o impuestos.
– Comunidad y personas dispuestas a desarrollar el proceso de cambio (con problemas o dolores identificados).
– Una metodología para diseñar e implementar un sistema colaborativo.

Cultura colaborativa

Para iniciar un cambio hacia un sistema de articulación colaborativo es necesario que existan indicios de acciones concretas que permitan identificar que la colaboración está presente entre las personas.

Si no existen vestigios de cultura colaborativa, es mejor no realizar ningún esfuerzo por desarrollar un proceso de cambio. Por otra parte, si el individualismo es más fuerte y las personas se resisten a los cambios, es necesario conversar la situación antes de actuar.

A pesar de lo anterior, igualmente se pueden desarrollar acciones para despertar la colaboración -a través de la formación, acciones concretas, etc- pero no para desarrollar un cambio profundo. Es decir, se puede preparar el camino, pero para un proceso posterior.

LÍDERES

Cultura tejeRedes

CULTURA COLABORATIVA

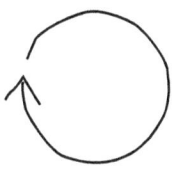

COMUNIDAD Y PERSONAS

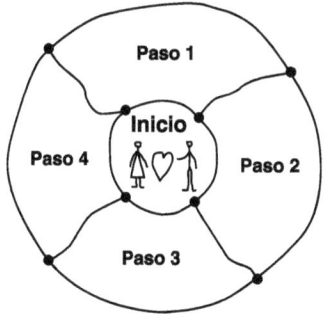

METODOLOGÍA

Paso 1
Inicio
Paso 4
Paso 2
Paso 3

Líderes

El rol de los líderes es trascendental. Si estas personas no están convencidas y no ansian el proceso de cambio, es probable que no resulte nada. Es clave que estas personas guíen la organización y le otorguen al proceso la importancia que tiene.

Estos líderes, en general, poseen características de agentes de cambio. Para realizar un proceso de cambio y de cultura organizacional global en las organizaciones tradicionales o jerárquicas, es necesario que la dirección apoye a los líderes, ya que son ellos quienes pueden generar un proceso colaborativo[235]. Si la dirección no permite generar una cultura colaborativa, es probable que en la base de la pirámide existan micro procesos de colaboración informales que, sin duda, aportarán a la colaboración, pero difícilmente cambiarán la cultura jerárquica[236].

Será importante determinar cuán asumido tienen los líderes la cultura colaborativa, ya que no es lo mismo contar con un líder con la colaboración corporalizada a otro que sólo la tiene teorizada desde el lenguaje.

Comunidad y personas

Además de los líderes, es importante que el resto de la comunidad (porcentaje amplio) esté convencida, ya que nuestro ADN está contagiado para actuar de forma individual.

Es importante identificar los problemas o dolores que tiene la comunidad para generar un cambio hacia un sistema colaborativo. Por ello, en la declaración de necesidades un porcentaje importante de partícipes (80 %) deberán aprobar la realización de cambios.

Para ello, es fundamental preocuparnos por el grueso de personas a favor del cambio y no concentrar nuestros esfuerzos en quienes rechazan la medida (menor porcentaje).

Las reglas del 50% + 1 son peligrosas, ya que no es lo mismo un 80% de personas a favor del cambio (y que trabajan tras dicho objetivo) que un 51%, ya que, en este último caso, existe un 49% que puede romper o boicotear el proceso.

Metodología

Es importante no cometer el error de usar metodologías clásicas que buscan: diagnósticos, desarrollo de estrategias e implementación de forma lineal. Es decir, primero realizo A, después B y finalmente C secuencialmente. Lo importante es contar con una metodología sistémica[238] y holística[239] que coloque, en primer lugar, al ser humano al centro del tejido conversacional y colaborativo y, por otro lado, que la metodología permita un proceso de gestión enactiva[240], donde las decisiones dependan de los procesos de observación para decidir un camino.

La metodología debe ser un viaje circular: en ocasiones va hacia adelante y en otras hacia atrás. Debe permitir comenzar por ciertos retos e ir sumando otros en la medida que se avanza. También la metodología nos debe ayudar a:

– Desarrollar y evolucionar el propósito por el cual estamos actuando como agentes de cambio o líderes.
– Observar qué sucede en nuestro alrededor para innovar y emprender en torno al propósito.
– Diseñar y ejecutar iniciativas que permitan generar acciones colaborativas.
– Realizar seguimiento, ajustes o celebrar los momentos importantes del aprendizaje o acciones realizadas.
– Tejer relaciones entre personas (valor social), compartir experiencias/saberes (valor de conocimiento) y desarrollar las metas económicas y/o no económicas que se definen en el proyecto (valor de uso).
– Generar la articulación colaborativa en torno al propósito.

235, 236. Consultar glosario y webgrafía: Entrevista Elena Sánchez.
237. Consultar glosario y webgrafia: Asociación de organizaciones NERGroup.
238. Consultar glosario y webgrafia: Sistémica.
239. Consultar glosario y webgrafia: Gestión enactiva.

tejeRedes

SECCIÓN 5

METODOLOGÍA PARA IMPLEMENTAR SISTEMAS DE ARTICULACIÓN COLABORATIVOS

CAPÍTULO 19. METODOLOGÍA CICLO TEJEREDES

Para poder diseñar, implementar y gestionar organizaciones y equipos colaborativos utilizaremos el "Ciclo tejeRedes", el cual nos guiará (de forma sistemática) en la relación entre:

– Los Articuladores y la organización; y
– los participantes con el sistema.

Ciclo tejeRedes

El Ciclo tejeRedes (se inspira en la indagación apreciativa[240]) define pasos y procesos bien establecidos desde la mirada caórdica (entre cultura y metodología tejeRedes) con objeto de que el Articulador -cual coreógrafo- le impregne movimiento a un sistema de actividad humana, comunidad u organización a través del uso de tecnologías sociales virtuales y presenciales.

Lo anterior se logra implementando las características/focos que dan forma al sistema de articulación colaborativo según los niveles recomendados.

Características o focos del nivel básico:

– Propósito y contenidos de interés común.
– Roles y actores de la organización.

Características o focos del nivel intermedio:
– Estructuras de red en las organizaciones.
– Espacio y tecnologías sociales (presenciales/virtuales).

Características o focos del nivel avanzado:
– Confianza y marco de entendimiento común.

Inicio: ser humano CLEHES - (Articulación colaborativa)

El inicio o punto cero no tiene número ya que siempre volveremos al centro del ser humano o al CLEHES[241] y a la articulación colaborativa (entendida como eje propulsor del trabajo en red). Desde el eje central de las personas se construyen las comunidades colaborativas, toman vida y maduran y en algún momento finalizan. Por lo tanto, mientras la confianza exista podremos formar y activar "comunidades, organizaciones y equipos" una y otra vez.

El inicio tiene por objeto indagar (necesidades y soluciones) sobre los seres humanos que componen la organización y la conformación de la comunidad en relación con las confianzas. Así mismo, es el punto que nos permite observarnos e identificar, por un lado, las prácticas que, en ocasiones, nos conducen al individualismo (estructuras de funcionamiento jerárquicas) y, en otras, nos llevan a la colaboración (estructuras de funcionamiento horizontales). El eros o fraternidad es el punto de inflexión entre un sistema y otro.

Si alguno de los siguientes pasos de la metodología (1,2,3 y 4) no están en monitoreo y regulación continua, el sistema sufrirá entre la lógica de una cultura individualista o tradicional o la emergencia y permanencia de un estado de cultura colaborativa.

240. Consultar glosario y webgrafia: Libro Indagación Apreciativa.
241. Consultar glosario y webgrafia: CLEHES.

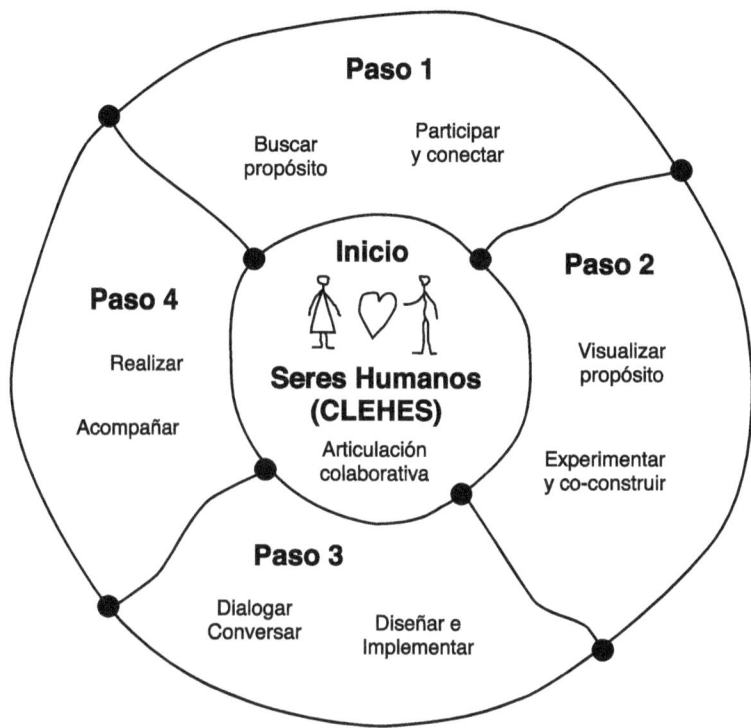

Diagrama circular con los pasos del CLEHES

Paso 1
- Buscar propósito
- Participar y conectar

Inicio

Seres Humanos (CLEHES)

Articulación colaborativa

Paso 4
- Realizar
- Acompañar

Paso 2
- Visualizar propósito
- Experimentar y co-construir

Paso 3
- Dialogar Conversar
- Diseñar e Implementar

Complementario al CLEHES está la cultura y la metodología tejeRedes de trabajo en red, que nos permiten generar los procesos o sistemas de articulación colaborativa para que las comunidades, organizaciones y equipos tomen forma y resulten sostenibles en el tiempo.

Paso 1: Buscar - propósito - (Participar y conectar)

El Paso 1 va en busca de la interrogante "para qué" o la exploración colectiva sobre el propósito de la comunidad o su razón de ser. En ocasiones confundimos el propósito con la misión y visión y, por ello, algunas declaraciones presentan una construcción lineal y tradicional. Desde la mirada del trabajo en red, debieran fijarse definiciones desde la colaboración y no desde la diferenciación.

Es importante en esta etapa empezar a identificar, en torno al propósito, las cualidades culturales e ideales, además de los temas, iniciativas o proyectos que ayuden a generar valor social, de conocimiento y de uso o cambio. De esta forma, en el paso 1 y 2 debe trabajarse con un mapa de necesidades o situaciones problemas y otro de posibles soluciones y expectativas.

Por otro lado, la intención es que las personas participen y se conecten para cultivar el valor social, generar espacios de confianza, creatividad, etc. El propósito de la comunidad debe tener como protagonista a los participantes. Por eso, es importante

mantener una búsqueda y conexión de relaciones para situar el propósito en un espacio de permanentes preguntas.

Si las personas no están en constante acople con la comunidad, puede que no se adapten y queden fuera de juego. Comúnmente, se sugiere salir de los espacios de confort. Esto ocurre, con mayor decisión, cuando somos receptivos, compartimos, distribuimos el poder, invitamos a otras personas a que nos miren y nos pregunten. Lo importante es escuchar con atención y hablar intención.

Paso 2: Visualizar propósito - (Experimentar y co-construir)

El paso 2 permite a las personas visualizar sus deseos respecto a su comunidad, organización o equipo y en particular al propósito, a las cualidades culturales, ideales y a las iniciativas o proyectos que aumentan el valor social, intelectual y de uso o cambio.

En esta parte del proceso es importante ir más allá de la comunidad o del territorio para observar casos y experiencias de terceros. La idea es comparar la gestión y observar cómo realizan la acción y vinculación. En este punto es importante desarrollar o contar (desarrollado en las etapas anteriores) con un mapa de necesidades para que las personas identifiquen los problemas que afectan a las personas/comunidad y posteriormente trabajar sobre ellos.

De esta forma, se busca un consenso sobre un mapa de necesidades o situaciones problemas en corcondancia con el propósito, las cualidades culturales e ideales para ser diseñados y llevados a la acción a través de iniciativas y proyectos en los pasos 3 y 4.

En relación con experimentar y co-construir, la idea es explorar modelos y conocimientos sobre gestión y el hacer (productos y servicios), a través del intercambio de experiencias y la posibilidad de compartir prácticas para consolidar las confianzas. Junto a ello, es necesario la creación de compromisos que permitan realizar iniciativas o proyectos en beta para conocer a los miembros de la comunidad (desde quienes trabajan internamente hasta la clientela y proveedores).

En el caso de una empresa, permite observar el estilo de administración, los productos y/o servicios y cómo se vinculan con el personal, proveeduría y clientela en los territorios donde opera. También es importante descubrir otros espacios de co-creación para la articulación de conversaciones y mejorar así los que ya se están definiendo. Es en esta etapa del proceso, cuando se permite probar nuevos prototipos para innovar.

Se hace un llamado a innovar y a no tener miedo a compartir. Si somos una empresa podemos invitar a nuestros pares a conocer la clientela e incluso a replicar nuestros productos y servicios. Las comunidades, organizaciones o equipos que trabajan en redes colaborativas están innovando permanentemente para lanzar nuevos productos y servicios que permitan subir la calidad y mejorar social, económica, ambientalmente el sistema. De esta forma, el ciclo se repite. Mientras

liberamos y compartimos, estamos a la vez creando e innovando.

Lo anterior no se puede hacer desde la lógica del concepto capitalista de la competencia. Se construye, más bien, desde la lógica de la abundancia y "low". Una característica clave de las comunidades, organizaciones o equipos que trabajan en redes colaborativas es que sus integrantes son parte activa en el desarrollo de los procesos que dan vida a productos y servicios.

Paso 3: Dialogar- conversar - (Diseñar e implementar)

El paso 3 permite pasar a la acción. Se busca diseñar e implementar iniciativas y proyectos a través del diálogo y conversaciones que generen valor de cambio o de uso con impacto directo en la comunidad, organización o equipo que identificó, por cierto, un mapa de soluciones y expectativas.

Con base al mapa de necesidades -desarrollado en las etapas anteriores- se debe trabajar en un mapa de soluciones para implementar el trabajo en red a través de la construcción de un sistema de articulación, estableciendo diseños y planes que tengan el componente colaborativo en cualquier nivel de la comunidad (territorio, organización, equipo, agentes de cambio) en relación con un producto, servicio, proyecto específico, que impulse y fortalezca el propósito, cualidades culturales e ideales.

Parte de esas iniciativas es la implementación de algunas características

o focos del sistema de gestión colaborativo: mapas de roles, diseño de la estructura organizacional por equipos y espacios colaborativos, implementación de tecnologías sociales presenciales/virtuales y reglas del juego para transparentar números, autoorganización de las personas, implicación de proveedores y clientes o innovación abierta, entre otros temas.

En esta parte de la implementación, la confianza es mayor entre quienes se involucran directamente en el proceso. Es preciso pensar en marcos de entendimiento común o reglas del juego que permitan oficializar la forma de relación interna y externa. Si ya existe dicha formalización, es necesario observar y determinar si las figuras administrativas son apropiadas de acuerdo al propósito definido.

En esta etapa se liberan nuevas formas de gestión, productos y servicios y, por ende, es importante que no tenga componentes proteccionistas. Si se quiere generar otro mundo posible o un nuevo sistema social-económico, no podemos observar la transformación desde una posición protectora (no cuento lo que hago y cómo lo llevo a cabo). Conceptos como el p2p, el open source, código abierto, el crown en todas sus vertientes, etc, son, sin duda, la base que otorga sostenibilidad al trabajo en red colaborativo.

Como en toda relación, es necesario tener activado permanentemente los procesos que generan valor social o relaciones y conocimiento o experiencia para retroalimentar los diseños y las implementaciones. Nunca será posible que el team core de la comunidad, organización o equipo, resuelva todo. Para esto existe una máxima: si siempre somos los mismos, en el lugar de siempre y con las mismas estructuras, acabaremos aburriéndonos, la creatividad se esfumará y la comunidad terminará en islas organizacionales, ya que la fraternidad, el amor y el Eros emigran con la capacidad de seducción.

Paso 4: Realizar – (Acompañar)

El cuarto paso tiene como objetivo central, realizar y dar seguimiento al proceso general de trabajo en red a las iniciativas o proyectos (a veces relacionados) que impulsan el propósito de la organización. En particular se debe dar seguimiento a través de proyectos e iniciativas que conversan con el propósito y los contenidos de interés común. En esta etapa deben materializarse las definiciones y prácticas del trabajo en red a través de los conceptos, la cultura y metodología tejeRedes, así como también las características de los sistemas de articulación colaborativos.

Para consolidar los compromisos se recomienda desarrollar un manifiesto que contenga, como base mínima, el "propósito y contenidos de interés común " y el "marco de entendimiento común". Este manifiesto, además de ser construido por los aportes y consensos de las personas de la organización, debe ser firmado y refrendado legalmente por todos los interesados.

El seguimiento es enactivo y continuo en los modos SA1 y SA2. Ninguna etapa inicia o termina en forma lineal. Permanentemente, el Articulador tiene que estar observando cómo se genera valor social (o en las relaciones), valor en el conocimiento (o las experiencias) y valor de cambio o uso (económico) y en particular advertir que la colaboración está permeando la cultura de la organización.

El Articulador, en esta etapa, debe tener plena conciencia de que sus funciones son invisibles y corroborar que esté definido (en las etapas anteriores) el propósito, los roles, la estructura de red colaborativa, el espacio de co-creación de la articulación, las tecnologías sociales adecuadas y el marco de entendimiento común de las reglas del juego, con objeto de que las acciones ocurran y se establezcan procesos de monitoreo y regulación que permitan la medición visual o gráfica (en lo posible). Es necesario tener claro que el seguimiento no corresponde al típico proceso de control de organizaciones jerarquizadas e individuales.

El Articulador siempre debe transitar por el inicio y, en particular, por el CLEHES para entender los acoples y movimientos de los otros CLEHES o los seres humanos que participan de la organización. Además, debe filtrar a través del propósito, valores e ideales (que dan forma a la cultura colaborativa) para que los acoples se establezcan desde la seducción y no desde el poder que establecen las culturas tradicionales.

Aplicación del ciclo tejeRedes

Como analizamos anteriormente, son cinco los pasos o módulos para el Ciclo tejeRedes (los cuales mezclan todo el universo de tejeRedes). Pero para aplicarlo es importante, además, tener en cuenta -en relación con el espacio donde se aplica la metodología- las preguntas y la forma de medir (indicadores) el proceso y los resultados.

El ciclo tejeRedes se aplica e itera múltiples veces. De allí su forma circular, como una rueda, que permite volver atrás o al centro del ser humano (en caso de tener tensiones en el eros). También permite -una vez terminado un ciclo- volver a otro, preguntándonos nuevamente por el propósito para que evolucione, desarrolle y se complemente con el mapa de necesidades y soluciones.

A continuación recordaremos los niveles (recomendados) para aplicar iterativamente el ciclo tejeRedes:

Características o focos del nivel básico:
– Propósito y contenidos de interés común.
– Roles y actores de la organización.

Características o focos del nivel intermedio:
– Estructuras de red en las organizaciones.
– Espacio y tecnologías sociales (presenciales/virtuales).

Características o focos del nivel avanzado:
– Confianza y marco de entendimiento común.

Espacio de co-creación

Para que el trabajo en red colaborativo tenga impacto tiene que ser entretenido, lúdico y co-creado por los Participantes y Articuladores del proceso en espacios presenciales y/o virtuales. La dimensión de la co-creación es clave para que los Articuladores se encuentren, a través del ciclo tejeRedes, con otros participantes.

La co-creación es una de las bases de la colaboración y el espacio donde la participación, desde la aceptación de otras personas, construye espacios de fraternidad que entregan cohesión a la organización. La co-creación busca, además, comprender y aceptar múltiples puntos de vistas para que la conversación y la creatividad fluya. También se busca, desde la co-creación, nuevas tecnologías sociales en torno al propósito para fortalecer el trabajo en red colaborativo.

Preguntar

Preguntar es un arte y es clave para cualquier proceso. Comúnmente, desde la cultura individualista, se prefiere omitir dicho arte. En cambio, desde la mirada colaborativa las preguntas son fundamentales. Las preguntas planteadas desde una cultura individual o tradicional nos llevan a limitar nuestras conversaciones, en cambio las preguntas formuladas desde lo colaborativo, invitan a mirar y explorar nuevas formas de organización.

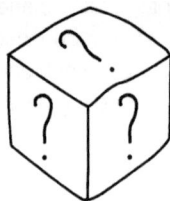

Si nos centramos en explorar únicamente los problemas y no las oportunidades -a través de las preguntas- terminaremos trabajando en red desde la mirada tradicional o individual. Como se señala en el libro "Indagación apreciativa" la pregunta positiva permite[242]:

– Curiosidad en el oyente.
– Estimula la conversación reflexiva.
– Saca a la superficie supuestos subyacentes.
– Invita a la creatividad de nuevas posibilidades.
– Abre la puerta al cambio.
– Genera energía, vitalidad y avance.
– Canaliza el enfoque de la investigación.
– Centra la intención.
– Toca un profundo significado.
– Nos conduce al futuro.
– Evoca más preguntas.

Este arte, debe resguardar que las preguntas "faciliten la motivación, la cooperación y la co-creación de una realidad mejor"[243].

Medir

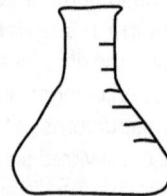

Medir es clave en cada paso del ciclo tejeRedes, ya que permite establecer los criterios de monitoreo y regulación de los procesos del trabajo en red colaborativo. Para llevar a cabo la medición tendremos indicadores de proceso y de resultados:

– Los primeros miden cómo se están aplicando, por ejemplo, las tecnologías sociales.
– Los segundos son indicadores de resultados que nos entregan: el estado del trabajo en red colaborativo (que se relaciona directamente con el propósito), la cultura y metodología tejeRedes y las características del sistema de articulación colaborativo.

242, 243. Consultar glosario y webgrafía: Libro Indagación Apreciativa.

CAPÍTULO 20. MAPA DE NECESIDADES: PARA IDENTIFICAR LAS SITUACIONES PROBLEMAS

Para poder implementar el trabajo en red y un sistema de articulación colaborativo o simplemente para pasar de sistemas de gestión individualistas a sistemas colaborativos es importante realizar un estado previo de necesidades o situaciones problemas.

Mapa de necesidades o situaciones problemas

El mapa de necesidades o problemas se puede realizar en cuatro partes:

– Mapa estado cultura individualista versus cultura colaborativa.
– Mapa existencia de líderes y/o agentes de cambio.
– Mapa identificación de temas/dolores de la comunidad y personas.
– Mapa identificación metodología para promover la colaboración.

Si bien los cuatro temas se pueden resolver a través de conversaciones, se aconseja ir más lento y levantar evidencia que permita corroborar las hipótesis necesarias (existencia de cultura colaborativa y líderes como agentes de cambio). Además, es preciso identificar los dolores de las personas en la comunidad y orientar la metodología sistémica para promover la colaboración.

Mapa estado cultura individualista versus cultura colaborativa

El primer nivel, permite observar si existe mayor tendencia hacia una cultura individualista o colaborativa. Se recomienda utilizar este mapa cuando se trabaja desde los agentes de cambio (personas), equipos (red/comunidad local) o territorio (red/comunidad global). Se pueden utilizar varias tecnologías sociales.

Desde tejeRedes recomendamos el Colaborómetro[244].

Este mapa nos muestra, de manera gráfica, si se dan las condiciones básicas para poder iniciar un proceso. Ante la ausencia de indicios colaborativos, es mejor cancelar el proceso.

Mapa para observar la existencia de líderes y/o agentes de cambio

El segundo nivel, consiste en constatar la existencia de líderes o agentes de cambio. Éstos deben estar convencidos del proceso y apoyar el paso transicional de lo individual a lo colaborativo. Se recomienda utilizar este mapa cuando se

---

244. Consultar glosario y webgrafia: Colaborómetro.

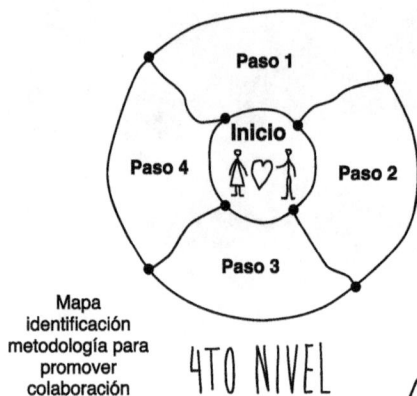

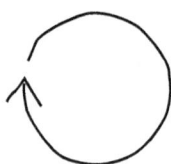

Paso 1

Inicio

Paso 4

Paso 2

Paso 3

Mapa identificación metodología para promover colaboración

4TO NIVEL

Cultura tejeRedes

1ER NIVEL

Mapa estado cultura individualista versus cultura colaborativa

3ER NIVEL

Mapa identificación temas/dolores de la comunidad y personas

2DO NIVEL

Mapa existencia de líderes y/o agentes de cambio

tiene certeza de que existen indicios de una cultura colaborativa. Sin embargo, es necesario identificar a las personas que articulan y lideran el proceso.

Se pueden utilizar varias tecnologías sociales. Desde tejeRedes recomendamos el Confianzómetro[245], poniendo el acento en la identificación de los leones, con fuertes características de araña (y en lo posible de otro perfil más). Este mapa,

nos mostrará básicamente si existen las personas adecuadas para apoyar el cambio. En caso contrario, será difícil liderar y articular el proceso.

Mapa para identificar temas/dolores de la comunidad y personas

El tercer nivel estriba en constatar si la comunidad y las personas están convencidas del cambio. Para ello, el 80% (mínimo) debe compartir y acordar el mapa de temas/dolores o problemas generales y/o focalizados. Se puede emplear este nivel cuando existe la presencia certera de una cultura colaborativa y, además, los líderes o agentes de cambio, que quieren germinar el proceso, están presentes. Pero, como señalamos anteriormente, es

necesario discernir si las personas tienen claro el camino a seguir.

Respecto de las tecnologías sociales recomendamos el Enredómetro[246] de necesidades. Es necesario poner el acento en la identificación de los nodos (que más link generan) y verificar si existe más de un 80% de consenso a través del Priorizador de intereses[247]. Estos mapas nos mostrarán las necesidades respecto a los temas y los apoyos necesarios del equipo y/o la organización.

Mapa de necesidades en torno a la metodología

El cuarto nivel es seguramente el menos complejo de mapear, pero el más difícil de buscar, seleccionar y decidir. En el mundo de la consultoría, facilitación, etc. existen muchas metodologías que permiten iniciar un proceso de cambio, pero hay pocas que sean sistémicas y holísticas. Algunas de estas metodologías o líneas de trabajo son la Holocracia[248] y Sociocracia[249]. También existen experiencias concretas como NER[250] o Reinventando organizaciones[251]. Si bien tejeRedes se ha desarrollado en paralelo, todas cumplen a *grosso modo* los mismos objetivos: promover sistemas de articulación colaborativos.

En este punto, el equipo de trabajo -de acuerdo a las necesidades detectadas- debe determinar qué metodología utilizará. No vamos a recomendar ninguna en particular. Invitamos a mirar la bibliografía y bucear en sus contenidos. A continuación, en el mapa de soluciones, nos focalizaremos, desde la mirada de tejeRedes, en los temas metodológicos.

245. Consultar glosario y webgrafía: Confianzómetro.
246. Consultar glosario y webgrafía: Enredómetro.
247. Consultar glosario y webgrafía: Priorizador de intereses.
248. Consultar glosario y webgrafía: Holocracia.
249. Consultar glosario y webgrafía: Sociocracia.
250. Consultar glosario y webgrafía: NER.
251. Consultar glosario y webgrafía: Reinventando organizaciones.

CAPÍTULO 21. MAPA DE SOLUCIONES: TEJIENDO POR NIVELES UN SISTEMA DE ARTICULACIÓN COLABORATIVO

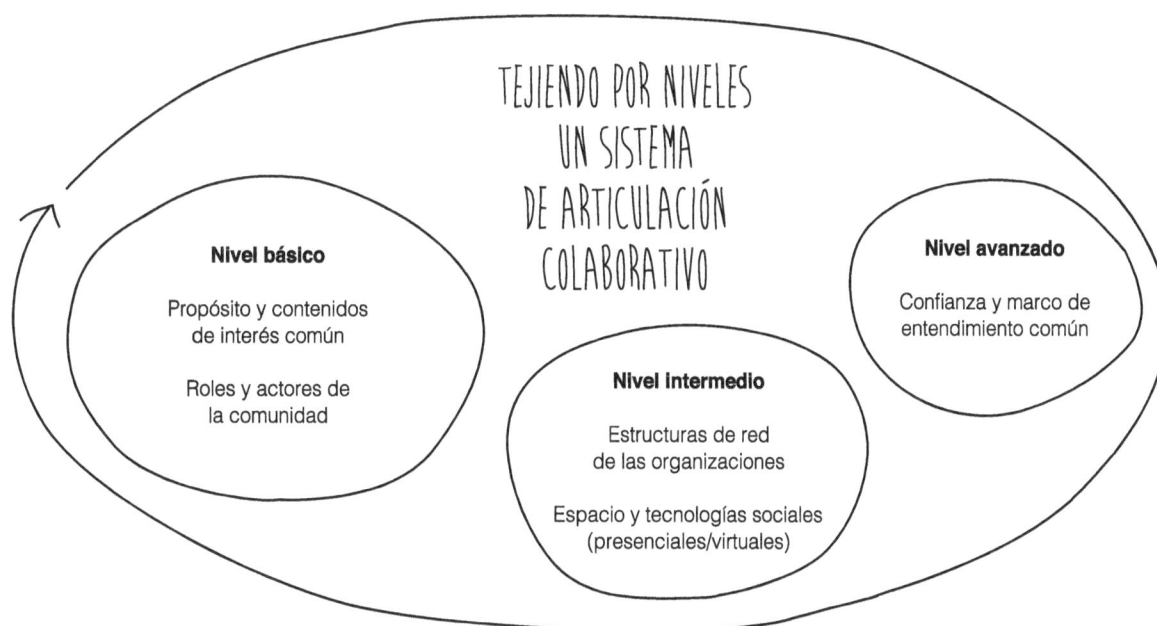

TEJIENDO POR NIVELES
UN SISTEMA
DE ARTICULACIÓN
COLABORATIVO

Nivel básico

Propósito y contenidos
de interés común

Roles y actores de
la comunidad

Nivel intermedio

Estructuras de red
de las organizaciones

Espacio y tecnologías sociales
(presenciales/virtuales)

Nivel avanzado

Confianza y marco de
entendimiento común

Recordemos que el ciclo tejeRedes funciona como una rueda y, por lo tanto, puede volver o ir hacia adelante e iterar varias veces, es decir, puede aplicarse todas las veces que sea necesario. La guía será la que ordene el trabajo, a través del proceso caórdico, para construir un sistema de articulación colaborativo.

Mapa de soluciones

Se recomienda aplicar el mapa de soluciones a partir de las características o focos de los sistemas de articulación colaborativo recomendados por tejeRedes. Además, sugerimos aplicarlos paso a paso y, por ende, desde el nivel básico, pasando por el intermedio hasta el avanzado. De esta forma, podemos construir el mapa de soluciones desde los temas menos complejos hasta los más complicados.

Los niveles (básico, intermedio y avanzado) en su conjunto nos indicarán permanentemente el estado y movimiento de la comunidad en relación con el trabajo en red colaborativo. Además, evidenciará si existe la madurez necesaria para implementar un sistema de articulación colaborativo.

Características o focos del nivel básico

– Propósito y contenidos de interés común; y
– Roles y actores de la comunidad

En el nivel básico se recomienda empezar con la apertura de conversaciones, ya que permiten movilizar el trabajo red en torno a un sistema de articulación colaborativo. De esta forma:

– Las primeras acciones deben estar centradas en el propósito y los contenidos. De esta forma, si el Articulador observa que:
- Los CLEHES no se mueven y que no existe Eros o pasión respecto al propósito y sus contenidos, es necesario ajustar las conversaciones desde el diseño del CLEHES.
- Si no existe claridad sobre el propósito, las cualidades culturales, ideales y metas en torno al valor social, de conocimiento y de uso, la comunidad no tendrá dirección, posibilitando, por cierto, que se desvanezca o tome otro rumbo.
- Lo anterior, afectará el proceso de autoorganización y colaboración de la organización en el futuro. Es importante tener en cuenta que el propósito y los contenidos de interés común deben estar en constante revisión y adaptación.

– En segundo lugar, y casi en paralelo, es importante advertir que en la comunidad nadie es igual a otro, y no solo por las estructuras corporales, emocionales y de lenguaje de los CLEHES, sino por las historias personales, las cuales emergen desde el dominio o comunidad en la que interactúa. De esta forma, el Articulador deberá realizar un mapa de roles a partir del grado de implicación que las personas desarrollen respecto al propósito de la comunidad. Con ello, el Articulador observará que:
- Algunas personas tienen roles de liderazgo; a otras les gusta trabajar en torno a tareas acordadas; otras se interesan en meditar y planificar estrategias; y a otras tantas les atrae polinizar o buscar recursos y oportunidades fuera de la comunidad.
- Si falta un rol o existen muchos papeles repetidos, es importante buscar otros roles complementarios dentro de la misma comunidad o fuera de ella (a través de alianzas o incorporando directamente los roles faltantes). Por último, se pueden desarrollar acciones para que las personas adquieran ciertas habilidades.
- También se pueden encontrar roles que actúan desde la lógica jerárquica. Lo anterior, implica gestionar esos nudos o focos de individualismo.

Características o focos del nivel intermedio

– Estructuras de red de la organizaciones; y
– Espacio y tecnologías sociales (presenciales/virtuales)

Estos focos configuran el nivel intermedio de características y se recomiendan para comenzar a trabajar la implementación de un sistema de articulación colaborativo. De esta forma:
– Una vez definido con claridad el propósito y sus contenidos de interés junto con el mapa de roles, el Articulador puede desarrollar las acciones necesarias para avanzar hacia una estructura de red que permita un sistema de articulación colaborativo - semidistribuido. De esta forma, el Articulador:
- Podrá promover equipos de trabajo en círculo, es decir, elegir a los Articuladores y fomentar su rotación. Este punto es clave para evitar jerarquías invisibles (unos necesitan órdenes y otros se acostumbran a darlas. Relación tradicional de profesor y alumno).
- Articular un equipo de gestión entre los Articuladores (que conviva con la propia figura del articulador general del sistema). En este ámbito, es importante cuidar que los Articuladores de equipos logren consensos sobre las planificaciones y decisiones de los equipos y no se transformen, a la larga, en estados de jerarquía de la organización (imponiendo en los equipos de trabajo criterios personales).
- En la misma línea anterior, el Articulador general debe evitar transformarse en un mando jerárquico en las sombras y procurar ser el custodio de las relaciones y del sistema.
- También es importante cuidar la relación entre la articulación del propósito, sus contenidos y las estructuras de red, ya que:

. Una comunidad con muchos propósitos y abundancia de contenidos y metas, puede sufrir parálisis por falta o exceso de seres humanos frente a la propia complejidad del propósito. De esta forma, emerge la posibilidad de centralizar, descentralizar o distribuir la estructura de redes en la comunidad (generando más flexibilidad o inflexibilidad).

. Cuando se pierde el propósito, el Articulador puede centralizar las conversaciones y, en la medida que éstas fluyan, debe descentralizar presencialmente y distribuir virtualmente las conversaciones que generan acción y movimiento en la comunidad.

– En cuarto lugar, para fortalecer la estructura de red colaborativa, es importante que el Articulador trabaje con la comunidad para definir y habilitar los espacios y las tecnologías sociales necesarias para tejer las conversaciones. De esta forma:

- El uso del espacio debe ser consensuado por las personas de la comunidad, ya que ellos conocen sus necesidades. Es el Articulador quien propone espacios para la colaboración (evitando el desarrollo de jerarquías invisibles).

- La introducción al proceso y el uso de tecnologías sociales (combinadas con espacios colaborativos), generan incomodidad en las personas y equipos, ya que durante las primeras semanas y meses, empiezan a quemar las grasas jerárquicas e individualistas. Ello provoca una tensión entre ambos modelos.

- Existe una relación-ecuación interesante entre los participantes, el espacio y las tecnologías sociales:

. Podemos tener espacios de trabajo poco adecuados que mermen o bajen la intensidad de las personas. Por ello, las tecnologías sociales están llamadas a animar el movimiento de la comunidad.

. Otras veces, tendremos directamente personas con baja intensidad. Ellas necesitan un espacio de trabajo apropiado y hacer un uso adecuado de las tecnologías sociales.

. Por último, podemos encontrar que el uso de las tecnologías sociales es inadecuada (por ejemplo, el Articulador pasa por bajas intensidades). En este caso, el espacio y las personas tienen que estar en un buen nivel para que la comunidad se mueva.

Características o focos del nivel avanzado

– Confianza y marco de entendimiento común

Este es el foco o característica más compleja, ya que el Articulador no sólo teje los procesos de confianza para que las personas se relacionen y se comprometan de diferentes formas en torno al propósito y a la comunidad, sino también, en la definición de las reglas del juego que determinan el marco común de entendimiento (construcción de confianzas).

– Por ello, para fortalecer la confianza y desarrollar el marco de entendimiento común será necesario definir las reglas del juego e implementarlas a través de procesos colaborativos. Dicha tarea es la más intensa del Articulador. De esta forma el Articulador debe observar que:

- Siempre habrá un porcentaje de personas que no están de acuerdo con el proceso y las reglas del juego. Otras, en cambio, las aceptan, pero no se involucran. Habrá otro porcentaje que se implica y, por ende, acompaña el trabajo del Articulador a través de acciones concretas que hace avanzar el trabajo en red y al sistema de articulación colaborativo. El manejo de estos tres grupos es clave para la construcción de confianzas.

- El apoyo y desarrollo en la metodología, conceptos y prácticas de trabajo en red y sistemas de articulación colaborativos, es clave, ya que ante el arribo de problemas, el propio ser humano es el encargado de resolver los conflictos. Para ello, es necesario recurrir tanto al valor social acumulado en la propia organización como a las capacidades artísticas presentes en el Articulador, con objeto de tejer (desde el eros) y amilanar las diferencias.

– El Articulador puede encontrar diversas situaciones en la construcción de confianzas y en la definición de las reglas del juego:

- Cuando las finanzas de la organización están en equilibrio o existe abundancia, las personas estarán felices (independiente si están o no de acuerdo con el sistema de articulación colaborativo). Pero si los números escasean, los retractores

apelarán a la falta de una estructura jerárquica y reclamarán los derechos amparados en el sistema laboral tradicional (huelga, sindicatos, etc).
- Cuando las personas trabajan de manera confortable en un equipo y el Articulador realiza sus tareas correctamente, existe el peligro de transitar, de forma invisible, a un tipo de relación alumno-profesor (confort organizacional).

Ecuaciones para el mantenimiento de un sistema de articulación colaborativo

Existen muchas combinaciones de factores que hacen que los procesos colaborativos se erosionen y afecten las confianzas. Por eso, es importante el rol del Articulador como tejedor de confianza.

Existen las ecuaciones 3x3, 2x3 y 1x3 para promover la colaboración y tener resultados a corto, mediano y largo plazo:

— Cuando en el rediseño se involucran los 3 niveles en una ecuacion de 3x3, es decir, se promueven los 5 temas,

focalizado en activar procesos y proyectos con una base colaborativa a nivel de "Confianza y marco de entendimiento común", "Estructuras de red de la comunidad", "Espacio y tecnologías sociales (presenciales/virtuales)", "Propósito y contenidos de interés común" y "Roles y actores de la comunidad", la organización generará un cambio. Esto ocurre en el plano de la cultura colaborativa, en la generación de valor social, de conocimiento y de uso.
— Si sólo se involucran 2 niveles en una ecuación 2X3, es decir, cuando se implica, por ejemplo, el intermedio y básico, el sistema andará a velocidad media. Es como si a una mesa le faltara una pata (inestabilidad). En resumen, en un 2x3 el cambio afecta las formas, pero no existen cambios en el fondo para conseguir un sistema de articulación colaborativo.
— Cuando sólo se involucra un nivel en una ecuación, es decir, 1x3, el desgaste,

(según el nivel que se trabaje) es alto.

El nivel más importante es el avanzado por su impacto en la "Confianza y marco de entendimiento común", ya que es lento y necesita de tiempo para que las personas cambien sus prácticas de trabajo. Los niveles intermedio y básico de "Estructuras de red de la comunidad", "Espacio y tecnologías sociales (presenciales/virtuales)", "Propósito y contenidos de interés común" y "Roles y actores de la comunidad" tendrá (trabajados por separado) una corta vida. Al inicio, todas las personas se entusiasman, pero después de un tiempo estos ámbitos van perdiendo protagonismo al interior de la organización, regresando, así, a las prácticas individualistas o jerárquicas (sucede, por ejemplo, con los procesos de formación o remodelación de oficinas).

ECUACIONES

3 x 3

2 x 3

1 x 3

CAPÍTULO 22. EL ARTICULADOR TEJEREDES
¿QUÉ OTROS TEMAS SON CLAVES PARA IMPLEMENTAR UN SISTEMA DE ARTICULACIÓN COLABORATIVO?

Camino 1

Caminos para implementar un sistema de articulación colaborativo

El articulador puede proponer tres caminos para realizar un cambio desde un sistema organizacional individual a uno colaborativo:

– Camino 1: participación secuencial.
– Camino 2: consenso rápido.
– Camino 3: equipo piloto.

Camino 2

Camino 3

Camino 1: participación secuencial

Según este camino, antes de iniciar cualquier proceso de cambio, es importante sensibilizar a las personas para que cambien su observador. Esto se logra promoviendo actividades en equipos colaborativos y, sobre todo, incentivando espacios para actividades sociales o de intercambio de experiencias. Además, debe ir acompañado por procesos orgánicos de co-creación que permitan relajar el poder y aumentar la confianza entre los actores.

Este camino es lento, pero permite establecer conversaciones y prácticas que con el tiempo harán que los cambios sean asumidos con menor resistencia. En este caso, se necesita un equipo interno que construya y acompañe el proceso con apoyo de una asesoría externa.

Camino 2: consenso rápido

Esta forma es mucho más radical, ya que busca, desde la acción e implementación de estructuras de trabajo en equipos colaborativos, un cambio cultural en la organización. Este método es directo y se basa en exponer las bondades y ventajas para que las personas se inspiren y se atrevan a dar el paso. Para aplicar este método se necesita un consenso amplio de los actores: dueños, trabajadores y todos quienes deseen asumir el reto.

Este camino adquiere rapidez cuando se decide -entre todos los actores- dar el paso decisivo. Sin embargo, requiere un equipo impulsor permanente y externo que esté monitoreando, regulando e incentivando los procesos y estructuras colaborativas. En este caso, el sistema de aprendizaje requiere una adaptación rápida. La confianza descansará en el equipo impulsor.

Camino 3: equipo piloto

Una buena manera de implementar el trabajo en red colaborativo es a través de una experiencia piloto. La idea es ir replicando, con el tiempo, este trabajo en otras áreas, equipos o círculos de la organización. Por lo tanto, se puede iniciar con un equipo muy comprometido con el propósito (ejemplo, la dirección) y de allí ir ampliándolo exponencialmente a otros equipos[252].

Se recomienda iniciar el trabajo con un grupo específico de personas. Si la organización es grande o es un territorio, es necesario escoger un equipo estable para que posteriormente multiplique, en su interior, la experiencia de articulación. Si la organización es pequeña o es un equipo, el proceso debe iniciarse, entonces, entre todos los presentes. Por ejemplo, en una pequeña empresa de 20 personas, se puede iniciar el proceso de manera conjunta. En cambio, si una empresa es grande es recomendable comenzar con un departamento o grupo de trabajo específico por temas (recursos humanos, innovación o producción).

Si se decide trabajar con un equipo piloto, es posible mezclar un equipo impulsor externo para que guíe al grupo interno. Aunque esto se pueda parecer al camino 1 de participación secuencial, el camino 3 (piloto) requiere no sólo de una asesoría, sino un equipo externo muy compenetrado con el interno.

¿Qué camino elegir?

Antes de contestar la pregunta, es importante entender que una comunidad es un sistema de engranajes. Por ejemplo, en una empresa cada engranaje es un grupo de trabajo que, en su conjunto, aporta al sistema de la organización. También lo podemos ver de la siguiente manera: un conjunto de empresas y sus grupos de trabajo aportan al sistema productivo de un territorio o sector.

Si seguimos el camino 3, podemos identificar a una unidad o grupo de trabajo (20 personas) que puede ser

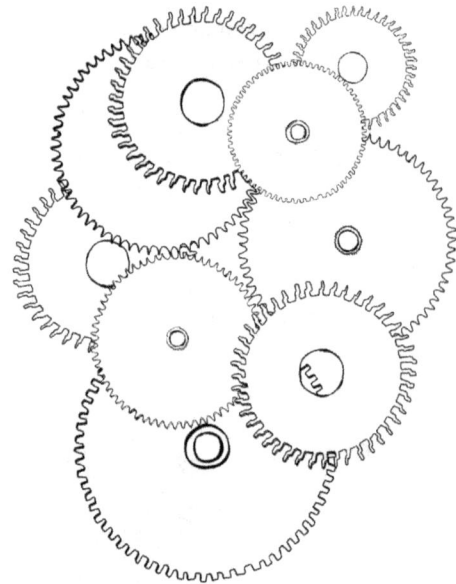

"Confianza en los equipos de trabajo"

252. Consultar glosario y webgrafía: Entrevista Elena Sánchez.

una organización o parte de una empresa mayor. De esta forma, todas las explicaciones metodológicas, aluden, a fin de cuenta, a trabajar con una unidad o equipo de trabajo (donde los Articuladores pueden replicar el proceso en otras unidades o grupos).

En la medida que el trabajo en red colaborativo se va implementando en la comunidad, nacerán agrupaciones con sus propios Articuladores. Éstos se reunirán en grupos (o engranajes) que coordinarán el sistema y podrán apoyar, a la vez, a otros equipos. Siempre será importante identificar a los grupos de trabajo y, por ende, a los Articuladores que posean experiencias de colaboración o estén sensibilizados con la cultura colaborativa.

Es clave que el impulso y apoyo a un sistema de articulación colaborativo lo realicen los dueños o la alta dirección de la organización. Si ellos no están convencidos, el proceso empezará a cojear rápidamente. El resto de participantes de la comunidad (por ejemplo, trabajadores, proveedores, etc.) también tienen que estar necesariamente seducidos con objeto de desarrollar el proceso con éxito.

Tres pasos claves para iniciar un proceso de cambio

Una vez seleccionado el camino, existen tres pasos claves al momento de iniciar un proceso de cambio[253]:

Para qué y propósito de la comunidad

Equipo convencido y apasionado que cree en el cambio

Comunicar propósito de forma seductora

– Para iniciar un proceso de cambio colaborativo, es necesario tener muy claro y definido, a través de una estrategia de comunicación, el "para qué" y el propósito de la comunidad. Es importante que todos tengan claro el mensaje y comunicarlo reiteradamente. Por ejemplo, se puede desarrollar un *elevator pitch*[254] con 4 o 5 frases.
– Lo segundo, es tener un equipo convencido y apasionado que crea en el cambio. Hay que comenzar con un pequeño equipo o piloto e identificar aliados que crean en el proceso.
– Lo tercero, es comunicar, de manera seductora, las frases que representan el propósito (motto).

Gestión de las personas y el cambio

Otro tema importante es cómo articular a las personas que se niegan o se resisten al cambio. Para ello, es necesario gestionar las conversaciones que traban

el proceso, es decir, identificar y conversar con las personas para ver qué pueden aportar. En la medida en que las personas se van "subiendo al carro", los miembros más reticentes van cediendo. De esta forma tenemos que[255]:

– El cambio requiere esfuerzo y energía. Por lo tanto, es importante dar a las personas y equipos diversos incentivos (tiempo, económico, etc).
– El ciclo de cambio contiene un par de etapas claves: personas que estarán de acuerdo con el discurso, otras que tendrán dudas y otras que derechamente se negarán.
- Una etapa del ciclo es la negación. Aquí es importante escuchar para ir revirtiendo esas emociones negativas (hay que saber gestionar las emociones negativas a través de procesos de escucha).
- Otra etapa es cuando las personas, poco a poco, empiezan a cambiar esa percepción negativa y pasan a una fase de aceptación.
- El período de aceptación ocurre cuando las personas cambian su estado emocional y aceptan el proceso.
- Después, viene una etapa de mayor apertura e implicación. Se adopta un compromiso total con el proceso de cambio.

253, 255. Consultar glosario y webgrafia: Entrevista Guadalupe De La Mata.
254. Consultar glosario y webgrafia: *Elevator pitch.*

CICLO DE CAMBIO

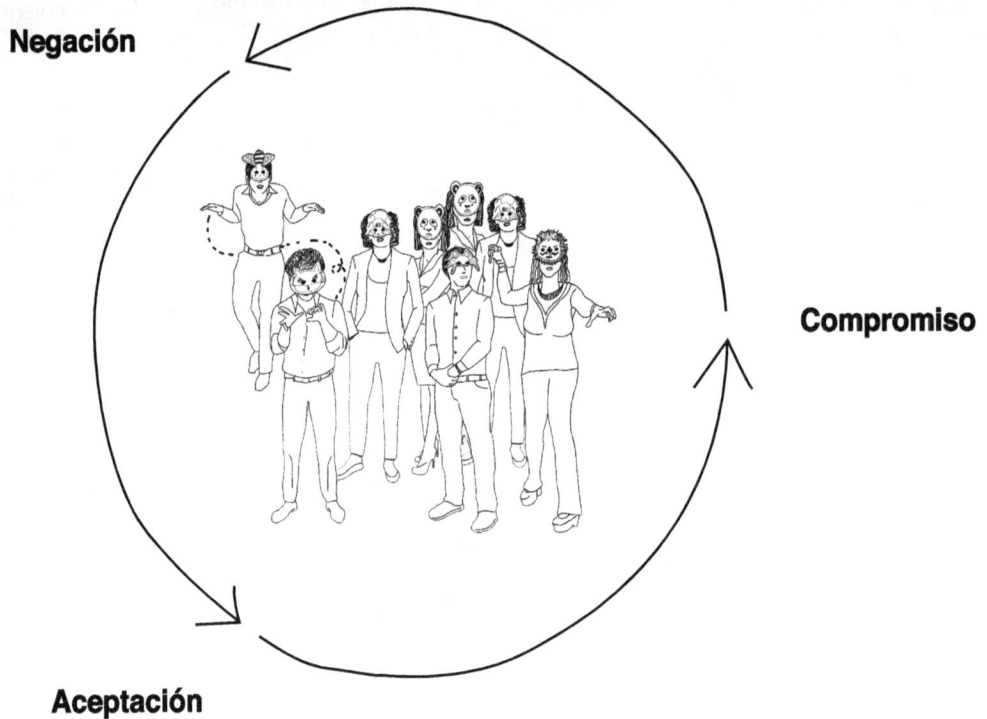

Negación

Compromiso

Aceptación

— A través del ciclo anterior, es posible guiar a las personas e incluso realizar *roll play*. Por ejemplo, qué pasaría si todos estuvieran en la etapa de aceptación o de compromiso del proceso de cambio.

— En el ciclo de negación baja la productividad, pero posteriormente -al asumir el compromiso- vuelve a subir.

— La organización es un ser vivo que, al desarrollar un proceso de cambio, invierte (gasta) energía. Por lo tanto, necesita descansar para adquirir nuevas fuerzas.

Consenso y firma de manifiesto para un sistema de articulación colaborativo

Hemos querido dejar para el último este tema. Una vez que se han logrado todos los consensos, se recomienda firmar un manifiesto o contrato que contenga, como base mínima, el "propósito y contenidos de interés común" y el "marco de entendimiento común".

En la medida de lo posible, es conveniente incluir (de forma alternativa) algunas definiciones de las características/focos de los sistemas de articulación colaborativos, es decir, roles, estructura organizacional colaborativa, espacios y tecnologías sociales.

Este manifiesto, como ya hemos señalado, debe ser desarrollado y aprobado por más del 80% de la comunidad y formalizado a través de instancias legales.

MANIFESTO COMUNIDAD COLABORATIVA

Propósito y contenidos
de interés común

Marco de
entendimiento común

Roles, estructura
organizacional colaborativa,
espacios y tecnologías
sociales

tejeRedes

HISTORIA DEL LIBRO Y TEJEREDES

AGRADECIMIENTOS

A través de este libro te invitamos a repensar muchos paradigmas que conviven entre las personas y las organizaciones.

Historia del primer libro y las raíces de tejeRedes

En el primer libro de tejeRedes, explicamos la experiencia y el recorrido trazado durante dos décadas. Parte de esa experiencia, se consolidó en la Universidad de Santiago de Chile (USACH), y en particular en el área de Sistémica y Cibernética del Departamento de Ingeniería Industrial[256], en la cual se desarrolla el Curso de Reingeniería Humana para La Acción (RIHPLA)[257], a cargo del profesor Osvaldo García. La influencia tanto de RIHPLA como la de Osvaldo han resultado fundamental para la base conceptual, metodológica y experimental de tejeRedes.

Por otra parte, existen diversas experiencias y autores referenciales que han dado vida y soporte a tejeRedes. Por ejemplo, el teórico británico Stafford Beer[258] quien fue parte de SYNCO, proyecto desarrollado en Chile durante el gobierno de Salvador Allende (1970-1973)[259]. La Corporación de Fomento de la Producción (CORFO)[260], decidió impulsar un modelo de gestión para conectar seiscientas empresas, y sus respectivos trabajadores, con la estructura económica, social y política del país. Lo trascendental es que, a través de los proyectos SYNCO o CYBERSYN[261], se planificaron modelos de trabajo en red que incluían el uso de tecnologías sociales que, por la fecha, aún no existían o recién

---

256. Consultar glosario y webgrafía: Departamento de Ingeniería Industrial Universidad de Santiago de Chile.
257. Consultar glosario y webgrafía: RIHPLA.
258. Consultar glosario y webgrafía: Stafford Beer.
259. Consultar glosario y webgrafía: Salvador Allende y proyecto SYNCO.
260. Consultar glosario y webgrafía: CORFO.
261. Consultar glosario y webgrafía: CYBERSYN.

empezaban a ver la luz en los laboratorios de los países desarrollados (como es el caso de internet). El equipo de trabajo, reunido en torno a Beer, fue un factor polinizador clave para que una gran cantidad de personas impulsaran nuevas disciplinas y desarrollos que hoy afectan positivamente la gestión organizacional, la economía local, las políticas públicas, las empresas productivas, etc. Del mismo modo, sus lineamientos de antaño han sido gravitantes para las bases conceptuales y metodológicas de tejeRedes.

Humberto Maturana[262], y en especial el trabajo realizado junto a Francisco Varela[263], (ambos científicos chilenos), ha contribuido a entender los sistemas de actividad humana desde la biología del conocimiento que, unidos a los conceptos del mundo de la sistémica y cibernética, enseñan diversas formas para comprender cómo las organizaciones no obedecen, necesariamente, a los sistemas basados en la revolución industrial. Se expone, además, como la educación tradicional, las organizaciones empresariales y los gobiernos en general funcionan de acuerdo a los conceptos del oprimido y el opresor, tal como Pablo Freire[264] y Augusto Boal[265] señalan en la Pedagogía del Oprimido[266] y el Teatro del Oprimido[267].

Tanto el libro "El Árbol del Conocimiento"[268], escrito por Maturana y Varela, como los aportes de Osvaldo García y Soledad Saavedra (CLEHES)[269], dan vida a las raíces sobre las cuales tejeRedes explica para qué y por qué nos conectamos y vivimos en redes y comunidades.

Posteriormente, en los años noventa, Rafael Echeverría presentó su libro Ontología del Lenguaje[270], en el cual expone la forma en que el lenguaje ejerce influencia para conectar y generar acción. En relación con lo anterior, el CLEHES ha resultado crucial para entender que el lenguaje no es un elemento independiente, pues éste se complementa con el cuerpo y las emociones, con objeto de generar mundos y acciones a través de las conversaciones. Por lo tanto, la Historia y Silencio, como parte del CLEHES, nos ayudan a observar y comprender el pasado, presente y futuro de cada integrante de la red. Por último, el Eros actúa, a través de la seducción, como el pegamento entre los nodos de personas que forman una red y comunidad.

También, han aportado a tejeRedes, las experiencias y metodologías en torno a redes empresariales, en particular la experiencia de CORFO en Chile[271], FOMIN-BID[272] en Latinoamérica y ONUDI[273] en otros países y continentes. Existe una serie de profesionales, académicos y consultores que impulsaron metodologías para el desarrollo asociativo de empresas y proveedores. Este es el caso de Marco Dini[274] y María Angélica Vega[275] en Latinoamérica. Debemos mencionar, también, el Desarrollo Territorial o Desarrollo Económico Local[276] y las políticas de Clusters[277-278]. Se puede discutir si estos modelos, para impulsar nuevas etapas en el desarrollo social, ambiental, económico de los territorios, grupos productivos, etc., son los mejores. Sin embargo podemos afirmar que tejeRedes no existiría si estos modelos no hubiesen estado allí para invitarnos a explorar nuevas formas de desarrollar redes.

262. Consultar glosario y webgrafía: Humberto Maturana.
263. Consultar glosario y webgrafía: Francisco Varela.
264. Consultar glosario y webgrafía: Paulo Freire.
265. Consultar glosario y webgrafía: Augusto Boal.
266. Consultar glosario y webgrafía: Pedagogía del Oprimido.
267. Consultar glosario y webgrafía: Teatro del Oprimido.
268. Consultar glosario y webgrafía: Árbol del Conocimiento.
269. Consultar glosario y webgrafía: CLEHES.
270. Consultar glosario y webgrafía: Ontología del Lenguaje.
271. Consultar glosario y webgrafía: CORFO.
272. Consultar glosario y webgrafía: FOMIN-BID.
273. Consultar glosario y webgrafía: ONUDI.
274. Consultar glosario y webgrafía: Marco Dini.
275. Consultar glosario y webgrafía: María Angélica Vega.
276. Consultar glosario y webgrafía: Desarrollo Local.
277. Consultar glosario y webgrafía: Políticas de Cluster.
278. Algunos de estos temas están referenciados en el glosario y webgrafía.

Aunque en ocasiones las personas y profesionales se sienten cómodos con su aporte conceptual y experimental -tratando de rentabilizar sus posiciones- en tejeRedes hemos aprendido que movernos, funcionar en beta[279], compartir el conocimiento, aunar la economía tradicional con los nuevos vientos de la economía creativa[280], colaborativa[281], los procomunes[282], entre otros, es posible vislumbrar un cambio o revolución que, finalmente, termine arrastrando a las viejas instituciones del modelo industrial, hacia nuevos horizontes.

Internet y la web 2.0[283] generaron un quiebre entre el uso de las tecnologías y la vida diaria de las personas. Hay quienes siguen renegando del uso de internet, pero también hay otro grupo de personas que conviven en la cultura 2.0, empresa 2.0, ciudadanía 2.0. Nos referimos al 2.0 como la forma en que el individualismo está siendo absorbido por la colaboración. En paralelo, observamos que es en la infancia cuando se presentan los mayores grados de adaptabilidad, tanto en el uso de los recursos tecnológicos como en sus entornos más cercanos. Por ello, es fácil y divertido compartir con sus amistades en las redes sociales o compartir el universo creativo del juego en las plazas y parques (sacando el máximo provecho de lo virtual y presencial).

El mundo del software libre, las industrias creativas y culturales, los movimientos culturales libres, las empresas colaborativas, los colectivos de investigación en beta, el uso de internet, la tradición del trueque (que aún existe en los pueblos), la abundancia (característica de una economía opuesta a la escasez) han afectado e influido en el devenir de tejeRedes para colaborar en la transferencia, creación y sistematización de conocimiento, metodologías, prácticas y experiencias.

Santiago de Chile, Buenos Aires, Valparaíso, Lima, Cuzco, Quito, Montevideo, Ciudad de Guatemala, Madrid, Valencia, Barcelona, Asunción, Medellín, Bogotá, Cali, Quibdó y otras tantas ciudades han dado forma a tejeRedes.

Prácticas como RIHPLA[284], The Art of Hosting[285] y el Teatro del Oprimido[286], así como otras tantas, asumidas a lo largo del camino (Dragon Dreamer, Serius Legos Play, Scrum, Design and Visual Thinking, Design for Change, etc.)[287] han inspirado los talleres tejeRedes. De igual forma, existen otros autores, blogueros, activistas y prácticas de organizaciones (La Sociedad de las Indias, MediaLab Prado, Ourshare, UrbanoHumano, Consumo Colaborativo, Economía del Bien Común, Cultura Senda (hoy MINKA), etc.)[288] que han inspirado a tejeRedes para aprender a enseñar y enseñar aprendiendo.

---

279. Consultar glosario y webgrafía: Funcionar en beta.
280. Consultar glosario y webgrafía: Economía creativa.
281. Consultar glosario y webgrafía: Economía colaborativa o consumo colaborativo.
282. Consultar glosario y webgrafía: Procomunes.
283. Consultar glosario y webgrafía: web 2.0.
284. Consultar glosario y webgrafía: RIHPLA.
285. Consultar glosario y webgrafía: Art of Hosting.
286. Consultar glosario y webgrafía: Teatro del Oprimido.
287, 288. Algunos de estos temas están referenciados en el glosario y webgrafía.

Casos y buenas prácticas que inspiraron este segundo libro tejeRedes

Gran parte de los contenidos de este segundo libro, están inspiradas en el caso y las buenas prácticas de las organizaciones que forman parte de NERgroup[289]. Koldo Saratxaga[290] en la década de los años 90 implementó buena parte del modelo de gestión en la empresa Irizar[291] y posteriormente lo llevó a cabo en más de una veintena de organizaciones (en su mayoría vinculadas al País Vasco-España).

Si bien en el primer libro de tejeRedes se asentaron los conceptos y metodologías del trabajo en red colaborativo, ha resultado decisivo conocer de cerca el funcionamiento de NER[292] (Nuevo Estilo de Relación) para configurar y fortalecer la metodología en torno a los sistemas de articulación colaborativos. Hoy muchas personas y organizaciones están hablando de modelos holocráticos[293] y de las prácticas de la sociocracia[294]. Es por ello, que también queremos invitarlos a conocer el trabajo que se ha llevado adelante en NERgroup, K2K[295] y en el resto de organizaciones que comparten NER.

Este libro igualmente se construyó a partir de casos y buenas prácticas de diversas organizaciones y países. Fueron muchas las entrevistas y visitas que dieron forma a cada uno de los contenidos. A continuación, detallamos estos trascendentales aportes:

– Entrevista con Anamaría Aristizabal (Bogotá - Colombia). Experta en temas de innovación social y de coaching. Es parte de diferentes iniciativas: red SOL, ecoaldeas, etc.
– Entrevista con Beatriz Lara (Madrid - España). Experta en innovación y transformación digital. Pionera en el trabajo colaborativo en las grandes corporaciones.
– Entrevista con Elena Sánchez. Consultora organizacional y gestión del talento.
– Entrevista con Guadalupe de la Mata (Madrid - España). Su principal motivación es apoyar a las empresas, ideas, personas y proyectos para generar un impacto social positivo y contribuir a cambiar vidas.
– Entrevista con Jabi Salcedo (Bilbao - España). Es parte de NERGroup y de la empresa K2K. También, participa en Trebeki, organización de servicios de gestoría y administración. Javi empezó a trabajar con Koldo Saratxaga desde los inicios de NERGroup. Fue coordinador de varios proyectos: Lancor, EKIN, etc.
– Entrevista con Jesús Martínez (Barcelona - España). Trabaja en el Centro de formación del Departamento de Justicia de la Generalitat de Catalunya (GENCAT). Intenta reformar la formación tradicional por una más colaborativa, buscando que las personas se activen por medio de propuestas y aprendizajes.
– Entrevista con Jordi Martí (Barcelona - España). Trabaja temas de estrategia organizacional y colaboración a través de ALTRIUM-Strategic Collaboration.
– Entrevista con Julem Iturbe (Bilbao - España). Comparte sus actividades profesionales entre la Universidad de Mondragón y la Consultoría empresarial.
– Entrevista con Nicolás Badel (Montevideo - Uruguay). Es parte de la empresa Villalima. Se dedicaron en sus inicios (a través de Villalima S.A.) a la producción de vinagre.

289. Consultar glosario y webgrafía: NERgroup.
290. Consultar glosario y webgrafía: Koldo Saratxaga.
291. Consultar glosario y webgrafía: Irizar.
292. Consultar glosario y webgrafía: NER.
293. Consultar glosario y webgrafía: Holocracia.
294. Consultar glosario y webgrafía: Sociocracia.
295. Consultar glosario y webgrafía: K2K.

– Entrevista con Javier Ceballos y Lucia Yañez (Quito - Ecuador). Ambos son parte de Quito Eterno, fundación cuya finalidad es promover los temas culturales y patrimoniales de carácter inmaterial.

También existen otras personas y organizaciones que han aportado a este libro con su experiencia y buenas prácticas:

– José Luis Femia de la Empresa Lancor (perteneciente a NERgroup).
– Didac Ferrer y Maria Hortensia Alvarez del programa Nexus24 de la Universidad Politécnica de Cataluña.
– Fermín Mínguez de la empresa Televida.

Agradecimientos

Hemos nombrado hasta aquí a muchas personas, organizaciones y temáticas que han colaborado e influido a tejeRedes. Pero también hay muchas otras que han pasado y siguen multiplicando y dando vida a la comunidad tejeRedes. A todos ellos, muchas gracias.

Pero, queremos darte las gracias a ti. Seguramente, no estás nombrado en primera persona, con nombre y apellido, pero estás presente en nuestro corazón.

Son cerca de 8 años de camino recorrido, en la cual hemos interactuado con muchas organizaciones y participantes. Sin el aporte de esas personas seguramente este libro no sería una realidad.

Queremos agradecer los aportes realizados desde el Proyecto DICYT-USACH código: 061617GDLC, "Tecnologías y herramientas enactivas de apoyo al gobierno y la gestión organizacional" 2016-2018 (Departamento de Ingeniería Industrial Universidad de Santiago de Chile).

Por último agradecer al "Programa de Apoyo al Entorno para el Emprendimiento y la Innovación" 2016 de CORFO - Chile por apoyar el desarrollo de este libro.

tejeRedes
GLOSARIO Y WEBGRAFÍA *

- Alejandro Aravena y estudio de arquitectura Elemental. Dirige una iniciativa para innovar y construir viviendas a bajo coste. *http://goo.gl/Hw0ZQF*
- Amor. Consultar definición en libro El Árbol del Conocimiento[296]. Humberto Maturana[297] y Francisco Varela[298]. *https://goo.gl/nsfsxH*
- Animómetro. Manual de Tecnologías Sociales tejeRedes. El Animómetro o CLEHES Mood[299], es una tecnología social que nos permite escanear y observar el CLEHES[300]. El Animómetro nos entrega una medida del estado de ánimo individual o colectivo de una comunidad o grupo de personas que se reúne en torno a un propósito concreto. El Animómetro físico y el que da cuenta de nuestra biología y química humana, nos entrega medidas para coreografiar la red o realizar networking. Es importante considerar esta herramienta al momento de operar en una red o comunidad, ya que si los estados del CLEHES o, en particular, los estados de ánimo y/o Eros son disímiles respecto del nuestro (o entre los CLEHES de los mismos miembros de una comunidad), es poco probable que pasemos de las ideas a la acción.
- Análisis de roles de trabajo en equipo: un enfoque centrado en comportamientos. Tesis doctoral. Joan Anton Ros Guasch. Universidad Autónoma de Barcelona. Dept. de Psicología Social. 2006. *http://goo.gl/CdMprA*
- El Árbol del Conocimiento. Libro de Humberto Maturana[301] y Francisco Varela[302]. *https://goo.gl/nsfsxH*
- Art of Hosting. Es un enfoque de liderazgo que escala desde lo personal a lo sistémico mediante la práctica personal, el diálogo, la facilitación y la co-creación de la innovación para hacer frente a desafíos complejos. *http://goo.gl/xuUTjS*
- Asociación de organizaciones NERGroup. Asociación en la que diversas organizaciones, unidas por el Nuevo Estilo de Relaciones (NER), comparten experiencias, sinergias y conocimientos. *http://goo.gl/gyuaJx*
- Augusto Boal. Dramaturgo, escritor y director de teatro brasileño. *https://goo.gl/pHkN0m*
- Banco común de conocimiento. Son repositorios físicos o virtuales de conocimientos y saberes. *http://goo.gl/ic9rsD*
- Café Redes. Manual de Tecnologías Sociales tejeRedes. El objetivo de esta tecnología social es propiciar y co-crear conversaciones grupales sobre temas e iniciativas del trabajo en red y sistemas de articulación colaborativos. Si bien el término Café Redes deriva del World Cafe[303], la diferencia está en que Café Redes concentra preguntas

*Revisado a junio 2016

296. Consultar glosario y webgrafía: Árbol del Conocimiento.
297. Consultar glosario y webgrafía: Humberto Maturana.
298. Consultar glosario y webgrafía: Francisco Varela.
299. Consultar glosario y webgrafía: CLEHES Mood.
300. Consultar glosario y webgrafía: CLEHES.
301. Consultar glosario y webgrafía: Humberto Maturana.
302. Consultar glosario y webgrafía: Francisco Varela.
303. Consultar glosario y webgrafía: World Café.

y conversaciones asociadas a los temas de redes y la metodología tejeRedes. Los elementos esenciales del World Cafe se mantienen: mesas con lápices, anfitriones, participantes rotando, preguntas, hablar con intención, escuchar con atención, dibujar o escribir al hablar o escuchar, cosechar y transferir. El Café Redes ayuda a explorar preguntas desde lo general a lo específico, a navegar y lanzar ideas, promueve la interacción y conexión entre las personas, el intercambio de saberes y opiniones, entre muchas otras cosas. *http://goo.gl/zHlRdX*

- Capítulo del CLEHES. Este capítulo se ha construido con base en la colaboración y conversaciones mantenidas con Osvaldo García y Soledad Saavedra. Ambos son profesores, investigadores y creadores de la tecnología del CLEHES. *http://goo.gl/lYvVjz http://goo.gl/f5LGGm*

- Ciclo del año Mapuche. Inspirado en la web Rescatando la medicina Mapuche / Importancia de las estaciones / El año mapuche de la "La asociación Fotün Mapü Pü Lafken de Punta Lavapie". *https://goo.gl/nqzwoA*

- Círculo de inicio (check in), cierre (check out) y cosecha. Manual de Tecnologías Sociales tejeRedes. El círculo es una forma ancestral de reunión que ha inducido a los seres humanos a conversar, escuchar y observarse respetuosamente durante miles de años. El círculo ha servido de base a muchas culturas. Lo que transforma una reunión ordenada en un círculo, es la voluntad de sus integrantes para convertir la socialización informal o discusión en una actitud respetuosa de conversación y escucha profunda. Los círculos de presentación inicial o final, son un espacio donde los participantes se presentan o despiden del resto de la comunidad, indicando su nombre al inicio y estableciendo un saludo y una despedida al final. El Círculo de saludo inicial, sirve para que los participantes dejen atrás su vida cotidiana, sus preocupaciones y distracciones al momento de llegar al proceso de articulación. El Círculo de saludo final, sirve para contener lo sucedido en el proceso de formación, para que los participantes puedan volver a conectarse con el mundo exterior. Este es un paso necesario para no dejar procesos sueltos. Cosechar consiste en registrar lo sucedido en el proceso. Es más que tomar notas. Incluye el uso de tecnologías sociales para dar cuenta de lo tangible y lo intangible. La cosecha puede ser individual o colectiva, y en muchos casos ayuda a que ésta sea visual. Sin embargo, es aquí cuando los niveles de observación operan para tener retroalimentaciones desde la persona (en su propia observación) y el colectivo (observación de los participantes). *http://goo.gl/zHlRdX*

- CLEHES. Relación Cuerpo + Lenguaje + Emociones + Historia + Eros + Silencio. *http://bit.ly/1hHmgWv http://bit.ly/1qnAP9P*

- CLEHES Mood. Lyonel Laulié Cerda, Osvaldo García. An enactive technology towards effective and collaborative action. *http://goo.gl/7AtUpQ*

- Colaborómetro. Manual de Tecnologías Sociales tejeRedes. El Colaborómetro es una tecnología social que nos permite diagnosticar si una organización se mueve con valores de una cultura tradicional-individual o colaborativa (Colaborómetro cultura tradicional v/s cultura colaborativa). También sirve para realizar seguimiento a los procesos y estado de colaboración de una organización que decidió trabajar colaborativamente (Colaborómetro cultura colaborativa). También nos ayuda a observar

C

y medir el estado de las reglas del juego del marco de entendimiento común de un sistema de articulación colaborativo. (Colaborómetro reglas del juego colaborativas). El Colaborómetro es clave para poder realizar una radiografía del "por qué" es importante un proceso de implementación del trabajo en red colaborativo. *http://goo.gl/zHlRdX*

– Collage. Es una técnica que consiste en juntar una diversidad de elementos en un sólo conjunto. *https://goo.gl/sjUiYe*

– CollageRed. Manual de Tecnologías Sociales tejeRedes. El CollageRed[304] o más conocido como *collage*, es una muy buena práctica para generar procesos creativos, ya que invita a pensar y graficar (dibujando, pintando, pegando imágenes, etc.) en torno a una o varias preguntas. Es muy útil para explorar el propósito y contenidos de interés común de un equipo de trabajo o de grupo que está definiendo sus ámbitos de acción. Por ejemplo: permite explorar la razón del Propósito y otras preguntas asociadas a las cualidades culturales e ideales de la organización o equipo. El *collage* necesita de la interpretación y generación de historias a partir de las gráficas resultantes. Éstas darán forma a un propósito, identidad, etc. *http://goo.gl/zHlRdX*

– Concepto acuñado por @UrbanoHumano (entre lo presencial y/o virtual). *http://goo.gl/1DPBmE*

– Confianzómetro. Manual de Tecnologías Sociales tejeRedes. En una comunidad no todos somos iguales: existen diversos roles y niveles de compromiso o apego respecto al propósito. De esta manera, si la confianza es una forma de medir la relación de los miembros de una comunidad en un mapa, resultará que ésta nunca será estática, y dependerá de las acciones y los compromisos que asumamos. Por ello, podemos ver en qué grado de confianza se encuentran los miembros de una comunidad. *http://goo.gl/zHlRdX*

– Conversaciones. El Árbol del Conocimiento. Humberto Maturana y Francisco Varela. *http://bit.ly/KXXzmd*

– Conversación 4x4 / 4x4x4. Manual de Tecnologías Sociales tejeRedes. Emplear mecanismos o tecnologías de conversación promueve espacios de diálogo, escucha y reflexión, lo que contribuye a hilar las relaciones de la comunidad u organización. Realizar el ejercicio de "escuchar con atención", sin preguntar durante cuatro minutos y "hablar con intención", durante otros cuatro minutos, es un entrenamiento para operar con precisión respecto de lo que decimos y escuchamos. La claridad de lo que pedimos y ofrecemos será clave para la construcción de confianzas. *http://goo.gl/zHlRdX*

– Comunidad. David Ugarte. *http://bit.ly/1j7lgyp*

– Comunidades de práctica[305]: Son una forma distinta de generar y compartir conocimientos. Es una metodología que implica reuniones y objetivos, en contenidos y tiempo, para desarrollar productos en torno al conocimiento. El ABC de las Comunidades de Práctica son: 1) que exista un problema que agobie o presione (situación problema); 2) que existan personas que vivan el proceso con intensidad (personas apasionadas); 3) que la institucionalidad y la organización apoyen el proceso de forma amable (que les concedan tiempo y les dejen trabajar). *http://goo.gl/eyOYC3*

304. Consultar glosario y webgrafia: Collage.
305. Consultar glosario y webgrafia: Entrevista Jesús Martínez.

- Coaching. Es un método para acompañar, instruir y entrenar a una persona o a un grupo con objeto de cumplir metas o desarrollar habilidades específicas. *https://goo.gl/M7HWQP*
- CORFO. Corporación de Fomento de la Producción en Chile. *http://goo.gl/f4xxnw*
- CYBERSYN. Proyecto sinergia cibernética. *http://goo.gl/qoXpL1*
- Desarrollo Local. La idea es trabajar con los recursos endógenos del territorio. *https://goo.gl/uMUXg3*
- Design Thinking. El pensamiento de diseño es un método formal para la práctica de resolución creativa de problemas y creación de soluciones. *https://goo.gl/hEl7p4*
- Dominios. El Árbol del Conocimiento. Humberto Maturana y Francisco Varela. *http://bit.ly/KXXzmd*
- Ecoaldea Aldea Feliz. Generan desarrollo basado en la felicidad y el cuidado de la naturaleza. Cuidan un territorio ubicado en uno de los rincones más biodiversos del planeta. *http://goo.gl/35Po74*
- Economía colaborativa o consumo colaborativo. Interacción entre dos o más sujetos (con o sin medios digitalizados) que satisface una necesidad real o potencial. *https://goo.gl/NxrOJr*
- Economía creativa. Sector de la economía que involucra la generación de ideas y conocimiento. *https://goo.gl/qd0lbZ* .
- Elevator pitch. El objetivo es condensar un mensaje que llame la atención de algún sujeto o grupo en pocos segundos o minutos. *https://goo.gl/8VOGHW*
- Emprendimiento y Empresas Sociales en Red. En este artículo emerge el concepto de agentes de cambio en red o emprendedor y empresario en red. Se dice que las empresas deben diseñar e implementar el trabajo en red o networking , incorporando herramientas y capacidades de gestión para movilizar sus procesos internos y clientes en red. Las empresas deben contribuir a mejorar el mundo a través de la emergencia de emprendedores, empresarios y empresas sociales. Autor: Cristian Figueroa. Publicado en Revista de Servicios Sociales y Política Social. Vol .XXX, n° 102 Agosto 2013. ISSN 1130-7633. pág. 23-38. Madrid - España. *http://slidesha.re/1m30Xn4*
- Empresa EKIN, desde su creación en 1963, fabrica herramientas de corte de precisión. A lo largo de su vida ha evolucionado hasta posicionarse a la vanguardia del brochado y laminado y, por ello, hoy es uno de los fabricantes líderes a nivel mundial de máquinas y herramientas de brochar y laminar (tanto acanaladuras como dentados y roscados de alta precisión). SEDE PRINCIPAL: AMOREBIETA (Pais Vasco - España). Fuente información: *http://goo.gl/YfBfjP*
- Irizar es una empresa carrocera española de autobuses. Su sede está localizada en Ormáiztegui, una pequeña localidad de la provincia de Guipúzcoa en la comunidad autónoma del País Vasco. *https://goo.gl/4tsD6a*
- Empresa K2K. Son parte de NERGroup[306] y se dedican a apoyar la implementación de NER en las organizaciones. *http://goo.gl/wO8KBk*
- Empresa Lancor. Diseñan y fabrican máquinas y motores eléctricos de forma autónoma o en colaboración con los clientes (Pais Vasco - España). *http://goo.gl/5s6fMD*

---

306. Consultar glosario y webgrafia: Asociación de organizaciones NERGroup.

– Enredar. Definición: enlazar, entretejer, enmarañar una cosa con otra. Acciones que tienen un significado parecido, pero distinto. *http://goo.gl/v3tBbZ*

– Enredómetro. Manual de Tecnologías Sociales tejeRedes. El Enredómetro es una tecnología social que permite graficar distintas interacciones e intensidades entre los miembros de una comunidad. Dichas interacciones, son el resultado de las relaciones sociales entre las personas y los compromisos adquiridos. También nos permite generar un mapa de necesidades o problemas. El Enredómetro lo desarrollamos intuitivamente todos los días y en distintos espacios de interacción y comunidades. La ventaja de graficar esta dinámica, es que podemos ver dónde existen más intereses, congruencias y nodos activos. *http://goo.gl/zHIRdX*

– Entrevista a Anamaria Aristizabal. Experta en temas de innovación social y coaching. Ha formado parte de diversas iniciativas como la red SOL, ecoaldeas, etc. (Bogota - Colombia) *http://goo.gl/6jfKFe*

– Entrevista a Beatriz Lara. Experta en innovación y la transformación digital, pionera en el trabajo colaborativo en las grandes corporaciones.

– Entrevista a Elena Sánchez. Consultora organizacional y gestión del talento (Madrid - España). *http://goo.gl/NcOIeW*

– Entrevista a Guadalupe de la Mata. Su principal motivación es apoyar a las empresas, ideas, personas y proyectos para generar un impacto social positivo y contribuir a cambiar vidas (Madrid - España). *http://goo.gl/xIUxBc*

– Entrevista a Jabi Salcedo. Jabi es parte de NERGroup[307] y de la empresa K2K[308]. Además, forma parte de Trebeki, organización de servicios de gestoría y administración. Sus inicios fueron en Koldo Saratxaga[309]. También fue coordinador de proyectos como Lancor, EKIN, entre otros muchos (Bilbao - España). *http://goo.gl/Y44YCn*

– Entrevista a Jesús Martínez. Trabaja en el Centro de formación del Departamento de Justicia de la Generalitat de Catalunya (GENCAT). Intenta transformar la formación tradicional en favor de una colaborativa. Busca que las personas se activen proponiendo y aprendiendo (Barcelona - España). *http://goo.gl/eyOYC3*

– Entrevista a Jordi Martí. Trabaja en temas de estrategia organizacional y colaboración a través de ALTRIUM-Strategic Collaboration (Barcelona - España). *http://goo.gl/l8ZwIZ*

– Entrevista a Julem Iturbe. Comparte sus actividades profesionales entre la Universidad de Mondragón y la Consultoría empresarial (Bilbao - España). *http://goo.gl/aCWaUw*

– Entrevista a Nicolas Badel de la empresa Villalima (Uruguay) quienes se dedican a la producción de vinagre (Montevideo - Uruguay). *http://goo.gl/UtzVGJ*

– Entrevista a Quito Eterno. Javier Ceballos y Lucia Yañez son parte de esta fundación cuya finalidad es promover temas culturales y patrimoniales de carácter inmaterial (Quito - Ecuador). *http://goo.gl/ZfSsFr*

– Escritor Nahuel Furrer. Libro de poesía "Fue en Madrid". *http://goo.gl/dmm1rr*

– Escuela tejeRedes. Área de formación de tejeRedes. *http://goo.gl/OW62Pe*

– Francisco Varela. Biólogo chileno, investigador en neurociencias y ciencias cognitivas. *https://goo.gl/4fEjTK*

– FOMIN-BID. Fondo Multilateral de Inversiones. *http://goo.gl/Q2mqwg*

---

307. Consultar glosario y webgrafia: Asociación de organizaciones NERGroup.
308. Consultar glosario y webgrafia: Empresa K2K.
309. Consultar glosario y webgrafia: Koldo Saratxaga.

F – M

- Funcionar en beta. Estar en un proceso permanente de diseño y mejora. *https://goo.gl/pimbFK*
- Gestión enactiva. Se refiere a evidenciar algo existente y determinante para el presente. *https://goo.gl/u6377q*
- Google for work. Suit de soluciones de Google para que las personas de una organización estén conectados y realicen su trabajo colaborativamente. *https://goo.gl/cNGZ3s*
- Historia de las redes. David Ugarte. *http://slidesha.re/QTBOyC*
- Holística. Es una posición metodológica y epistemológica que postula cómo los sistemas (físicos, biológicos, sociales, económicos, mentales, lingüísticos, etc.) y sus propiedades deben ser analizados en su conjunto y no sólo a través de las partes que lo componen. *https://goo.gl/GCVDA4*
- Humberto Maturana. Biólogo e investigador chileno. Premio Nacional de Ciencias (1994). *https://goo.gl/PTlAvl*
- Jordi Bascompte. Es biólogo y relaciona los sistemas humanos con los ecosistemas de la naturaleza y la biodiversidad. Extractos entrevistas *http://goo.gl/r1uou, http://goo.gl/UZHTqU* y *https://youtu.be/ZfHi9M3MAtA*
- Kanban. Es un tablero que muestra la programación de actividades de producción en cantidad y tiempo. *https://goo.gl/YTbHYV*
- Koldo Saratxaga. Es ingeniero y responsable del modelo NER. Ha escrito y participado en innumerables proyectos para fortalecer las empresas. Una de sus actividades más reconocida es la gestión de la empresa Irizar[310] y las organizaciones que componen NERGroup[311]. Es fundador de K2K[312]. *http://goo.gl/u0XdQB*
- Ley de la Variedad Requerida de Ashby. *https://goo.gl/uCG1vg*
- Libro Indagación apreciativa. Miriam Subirana; David Cooperrider. *http://goo.gl/PE4cc1*
- Libro Pensamiento en Red. Sonia Abadi. *http://goo.gl/unQINs*
- Manual de Tecnologías Sociales de tejeRedes. Manual de tejeRedes donde se presentan de manera didáctica el uso de tecnologías sociales (Animómetro, Confianzómetro, Colaborómetro, etc.) para promover conversaciones colaborativas. *http://goo.gl/zHlRdX*
- Maquilometro. Manual de Tecnologías Sociales tejeRedes. El Maquilómetro es una tecnología social inspirada en los Kanban[313] y permite gestionar proyectos, coordinar horas de trabajo de un equipo, definir urgencias, etc. Lo más importante es visualizar gráficamente y gestionar las tareas programadas, las que se están realizando y las que ya se realizaron para que las conversaciones del equipo estén dirigidas a optimizar el uso del tiempo y los recursos. El Maquilometro se puede combinar con metodologías ágiles[314] para que el articulador coordine las reuniones. *http://goo.gl/zHlRdX*
- Marco Dini. Consultor y profesional experto en redes empresariales. *http://goo.gl/aAw582*
- María Angélica Vega. Consultora y profesional experta en redes empresariales *http://linkd.in/1hX8ApM*
- Metodologías ágiles. Sistema de colaboración de equipos autoorganizados y multidisciplinarios. *https://goo.gl/kKXZrx*

---

310. Consultar glosario y webgrafia: Empresa Irizar.
311. Consultar glosario y webgrafia: Asociación de organizaciones NERGroup.
312. Consultar glosario y webgrafia: Empresa K2K.
313. Consultar glosario y webgrafia: Kanban.
314. Consultar glosario y webgrafia: Metodologías ágiles.

- NER, sistema organizacional basado en un Nuevo Estilo de Relación. En NER se apuesta por un Desarrollo Humano Justo y Sostenible. Las organizaciones que resuelven pertenecer a NER, lo deciden en asambleas (entre la propiedad y los trabajadores en activo). Los principios de NER son: Ética, Transparencia, Comunicación – Información, Confianza, Equipos autogestionados, Libertad, Responsabilidad, Decisiones juntos, Visión de futuro, Solidaridad, NO horas extras pagadas, Reparto de la cosecha, NO despidos, Integrados en la sociedad (País Vasco - España). *http://goo.gl/z4RVyr*
- NERGroup, Asociación de empresas que comparten NER. Es una asociación en la cual diversas organizaciones, unidas por el Nuevo Estilo de Relaciones (NER), comparten experiencias, sinergias y conocimientos. Aúnan esfuerzos para mejorar, avanzar, ser más eficientes y obtener mejores resultados. NERGroup es una asociación que se preocupa de la Sociedad y aspira al Desarrollo Humano Justo y Sostenible. *http://goo.gl/dOSPF*
- Ontología del Lenguaje. Es un libro, desarrollada por Rafael Echeverría, que explica al ser humano como ser lingüístico. *http://goo.gl/JwNBMn*
- ONUDI. Oficina de Naciones Unidas para el Desarrollo Industrial. *http://goo.gl/nfxcYE*
- Organización Techo o Un Techo para mi país. Se dedica a promover la toma de conciencia (entre menores de treinta años) respecto a la necesidad de que los más desprotegidos cuenten con una vivienda. *http://goo.gl/ET0we*
- Osvaldo García y Soledad Saavedra. Osvaldo Garcia De la Cerda (Santiago de Chile) es profesor e Ingeniero, investigador en CLEHES, consultor en Diagnosis e innovación Organizacional. Soledad Saavedra (Santiago de Chile) es antropóloga, orientadora en relaciones humanas y familia, profesora universitaria, investigadora en CLEHES y consultora en gestión de conflictos. *https://goo.gl/HN83z7 https://goo.gl/C930Wr*
- Paulo Freire. Educador y experto en temas de educación. *https://goo.gl/NHRGue*
- Pedagogía del Oprimido. Es uno de los trabajos más conocidos del educador, pedagogo y filósofo brasileño Paulo Freire[315]. *https://goo.gl/5oJD1u*
- PicNicRed. Manual de Tecnologías Sociales tejeRedes. Busca compartir a través de la tecnología social más antigua y efectiva: el alimento. Todo proceso necesita un momento de relajación y celebración para compartir temas y situaciones diversas. Alimentarse y beber (al interior de un grupo cohesionado) es clave para conectar y cambiar los estados de ánimo. *http://goo.gl/zHlRdX*
- Política de Cluster. Concentraciones de empresas e instituciones interconectadas. *https://goo.gl/0drU1i*
- Priorización de intereses. Manual de Tecnologías Sociales tejeRedes. La idea de la priorización de intereses es abrir conversaciones en un equipo o grupo de trabajo en relación con las percepciones más objetivas o cualitativas de un proyecto o iniciativa. Las personas se pueden mover en varias combinaciones para valorar la facilidad v/s impacto de una propuesta. *http://goo.gl/zHlRdX*
- Proacción Redes. Manual de Tecnologías Sociales tejeRedes. El objetivo es concretar proyectos e iniciativas en red a partir del diálogo co-creado y orientado hacia la acción. Proacción Redes es un derivado y una adaptación del ProAction o World Cafe[316]. La diferencia está en que concentra preguntas y conversaciones asociadas a las redes y a

---

315. Consultar glosario y webgrafia: Paulo Freire.
316. Consultar glosario y webgrafia: World Café.

la metodología tejeRedes. La idea es mantener los elementos esenciales del ProAction Cafe: temas programados, mesas con lápices, anfitriones o líderes de los temas, participantes con roles y rotando, hablar con intención, escuchar con atención, dibujar o escribir al hablar o escuchar, cosechar y transferir. Proacción Redes ayuda a identificar y levantar las iniciativas para promover y/o fortalecer el trabajo en red colaborativo. *http://goo.gl/zHlRdX*

— Proceso Caórdico. El concepto es promovido por Dee Hock y su idea es definir un sistema organizacional armónico entre el caos y el orden. *https://goo.gl/rMqtJF*

— Procomunes. Recursos (tangibles o intangible) cuyos derechos de explotación pertenecen a una comunidad determinada. *https://goo.gl/XBdfSZ*

— Programa NEXUS 24 de la Universidad Politécnica de Cataluña (UPC). Su propósito es que el año 2024 sea "normal" trabajar en equipos colaborativos al interior de la UPC. *https://goo.gl/uKB6Ed*

— Quito Eterno (Ecuador). Fundación y colectivo cultural, dedicado a conectar ciudadanía y patrimonio. Su principal actividad son las rutas de leyendas con enfoque educacional y la gestión/mediación cultural en torno al patrimonio. *http://goo.gl/Tk3l1l*

— Resiliencia. Capacidad de un sistema de soportar y recuperarse ante desastres y perturbaciones. *https://goo.gl/MKDmAk*

— RIHPLA. Reingeniería Humana Para La Acción. *http://goo.gl/ioehCr*

— Sistemas. Nombre para todas las investigaciones relacionadas con la teoría de sistemas y la ciencia de sistemas. Se define como un campo emergente de la ciencia que estudia los sistemas holísticos. *https://goo.gl/tSaqPl*

— Salvador Allende, Presidente de la República de Chile (1970-1973). Cybersyn, proyecto de planificación económica controlada en tiempo real https://goo.gl/8ahMyQ

— Stafford Beer. Académico y consultor británico. Es conocido por su trabajo en los campos de la investigación operacional y cibernética organizacional. *https://goo.gl/65LtsR*

— Sympoetic. Sitio web que relaciona los estudios de Humberto Maturana. *http://bit.ly/1g9pf7y*

— Teatro del Oprimido. Es una tendencia teatral sistematizada por el dramaturgo, actor, director y pedagogo teatral brasileño Augusto Boal[317]. *https://goo.gl/HAlCTv*

— Tecnologías Sociales. Definición trabajada por Juan Freire. *http://bit.ly/o39Ykx*

— Tecnologías Sociales de regulación y registro. Manual de Tecnologías Sociales tejeRedes. Existen algunas tecnologías sociales que ayudan a coordinar y regular las conversaciones y los movimientos del grupo. El Articulador debe facilitar las conversaciones y permitir el seguimiento y acompañamiento de los procesos. El Tótem hablador, es una pieza de la palabra que los participantes se pasan cuando alguien quiere decir algo y conversar. El Tótem del silencio es para pedir 1 o 2 minutos de silencio. El Tótem del tiempo es un aviso que permite el auto monitoreo de la escucha y el habla entre los participantes. El Fotógrafo, registra visualmente cómo ocurren las acciones o chequea el estado visual de las tecnologías sociales para el seguimiento de mediciones. La Fotografía/Vídeo permite registrar lo sucedido y los momentos más emotivos del proceso (cosecha). *http://goo.gl/zHlRdX*

---

317. Consultar glosario y webgrafia: Augusto Boal.

– TEDx. ¿Qué resulta ser una buena vida? Lecciones del estudio más largo sobre la felicidad. Estudio realizado en Harvard (EEUU) durante 75 años sobre el desarrollo del ser humano. *https://goo.gl/dSNfJe*

– tejeRedes, Introducción e historia: Capitulo 1 Libro tejeRedes. El arte de facilitar y articular organizaciones en red. *http://goo.gl/ElahDh*

– Tejer. Definición: formar en el telar un tejido con la trama y la urdimbre. *http://goo.gl/mgGcx0*

– Texto recogido en el artículo "Nuevos lugares de trabajo BBVA: impulso del trabajo colaborativo", desarrollado por el equipo nuevas sedes BBVA. Está compuesto por Iván Argüelles Carralero (Observatorio Lean y Nuevas Formas de Trabajo), Gloria Lamas Rull (Directora de la Ciudad BBVA), Beatriz Lara Bartolomé (Directora de Transformación Corporativa), Susana López Arias (Directora Proyecto Nueva Sede Corporativa), Belén Piserra de Castro (Directora de Inmuebles y Servicios Corporativos) y Alfonso Zulaica (Director de Cultura Corporativa). *https://goo.gl/K0eSqu*

– Tendero Social. Manual de Tecnologías Sociales tejeRedes. Es una especie de red social presencial y virtual. Es similar a Facebook, ya que nos permite identificarnos e identificar a los miembros de una comunidad. Es importante tener un Tendedero Social, no sólo para conocer a las personas (¿quién es? ¿cómo es? ¿qué hace?), sino también para agradecer, realizar solicitudes etc. En el Tendedero Social podemos compartir nuestros gustos e intereses y dejar mensajes profesionales o de amistad. En general, es un activador de conversaciones y nexo de seducción. Nos permite construir la identidad de la red y que ésta observe qué pasa con nuestra propia identidad y las relaciones entre identidades. *http://goo.gl/zHlRdX*

– Terapia Gestalt. Es una psicoterapia que busca ayudar al paciente a sobreponerse a ciertos síntomas, permitirle llegar a ser más completo y creativamente vivo y liberarle de los bloqueos y asuntos inconclusos que disminuyen su satisfacción óptima, autorrealización y crecimiento. *https://goo.gl/0RE5EW*

– Tesla Motors. Es una compañía de Estados Unidos que diseña, fabrica y vende coches eléctricos. *https://goo.gl/T4zPbS*

– Trello. Aplicación de gestión de proyectos basada en Kanban[318]. *https://goo.gl/anpOF*

– Topologías de Red. Es la descripción en la que se conectan los nodos en una red. *http://bit.ly/iseKfu.*

– Universidad Politécnica de Cataluña (UPC) es una universidad pública española de la Generalidad de Cataluña, especializada en los ámbitos de la ingeniería, la arquitectura y las ciencias. *https://goo.gl/o2vmVk*

– Web 2.0. Permite a los usuarios interactuar y colaborar entre sí. *https://goo.gl/JORzpm*

– World Café. Es un proceso de conversación estructurada que tiene por objeto facilitar la discusión abierta e íntima y vincular las ideas dentro de un grupo más grande para acceder a la inteligencia colectiva. *https://goo.gl/CXU57u*

---

318. Consultar glosario y webgrafia: Kanban.

www.ingramcontent.com/pod-product-compliance
Lightning Source LLC
Chambersburg PA
CBHW082302210326
41519CB00062B/6954